恋《こい》活《かつ》卒業！

マトモな男とだけすぐに付き合える方法

縁結び士／カリスマ仲人
結太朗

かんき出版

はじめに

本書を手に取っていただき、ありがとうございます。日本初の縁結び士・結太朗です。

僕のもとには、素敵な出会いと幸せな結婚を目指す多くの方々がご相談に来ます。**最近すごく多いのは、マッチングアプリで女性が男性と出会ってからの悩み相談**です。

「実際に会ってみたら、あまりにもプロフィールの写真と顔が違う」

「初めて会ったのに20分もしないうちに『僕たち、付き合おう』と言われた」

「カラダの関係になったとたん、ＬＩＮＥの未読が続いて、気づけばブロックされていてビックリ……」

こんな苦痛の声が、毎日のように僕のもとへ寄せられています。**かなり共通するのは先の例にもある通り、「男って何を考えているのか、よくわからない。だから、自分はどうすればいいのかもわからない」という声**でした。

彼女たちの名誉のために言っておきますが、皆さんは真面目に会社勤めをするＯＬや、大学・専門学校に通う学生で、ごく普通のお嬢さんです。**見た目も清楚であることが多く、むしろモテるタイプ。**

アプリ上で男性たちから〝いいね〟をたくさんもらい、「前の彼氏と別れて半年……。私もそろそろ新しい恋を始めよう！」と思った矢先に、何だか出鼻をくじかれた状況が続いて、途方に暮れてしまったようでした。

彼女たちの悩み相談は尽きず、次のような恋愛相談も珍しくありません。

「医者だというので信用したら、実は違った」

「土日に会えないからおかしいな、と思ったら既婚者だった」

「ホテルの誘いを断ったら、逆ギレされた」

嬉しい出会いをもたらすはずのマッチングアプリが、メンヘラ女子製造機に‼　これはまさに「恋の緊急事態宣言」です。

そこで僕は考えました。

○リアルで出会うのとマッチングアプリで出会うのとでは、何が違って、どのようなメリット・デメリットがあるのか？

○「ヤリモク男（エッチだけが目的の輩）」、既婚者など、かかわってはダメな男性の見分け方は？

○大勢の候補者から、どのように本命をチョイスして、二人の関係を育んでいけばいいのか？
○どうすれば気になる男性と、ＬＩＮＥなどでメッセージが続くのか？
○アプリで好みの相手とマッチングしたあと、リアルで出会う際に気を付けるべきポイントは何なのか？
これらを眺めて思ったのは、**マッチングアプリで始まる恋には、学校や職場、共通の知人からの紹介とは違うステップと注意事項がいくつかありそうだ**ということ。皆さんに、ぜひお伝えせねばと思いました。

もちろん、実際に会ったあとで誰もが気になる次のことも、本書では網羅しています。
○デートで好印象を持たれるためには、どんな服装をして、どんな行動をして、どんなことを話せばいいのか
○セフレ（セックスをするだけの関係になった異性の友人）にされて、ましてや結婚まで絶対にいかない関係になってしまわないようにするためには
つまり、**出会いから付き合うまで、人によっては結婚へと結びつけるにはどうすればいいのかが、本書だけで全部わかるようにしました。**

僕が培ってきた恋愛ノウハウと、たくさんの方々の実体験をリサーチして、**「マッチングアプリ時代でも通用する、最新版の失敗しない恋活・婚活のメソッド」**を詰め込んだの**が本書です。**

縁結び士として活動する僕は、リアルでもネット上でも多くのアドバイスをしてきました。中でも**LINE LIVEでは、総合1位を連続して獲得したこともあります**から、僕の恋愛アドバイスが多くの人のお役に立てたと自負しています。

世の中に「恋活本」はたくさんありますが、**本書は男性の理解できない行動と考え方を紐解き、女性側がどのように見抜いて対処していけばいいのかをズバッと詳しく書いてあるところでも、一味違う内容になっています。**

女性としてドキリとするところもあるかもしれませんが、男性の心理を知ることは恋の勝ち組になるための必修科目です。

さらには、イケメンだけど少し優柔不断だったり、才能はあるけど奥手だったりする男性との関係を育んでいくためのアドバイスも盛り込んでいます。

恋の戦場で丸腰のまま戦い続けると、疲れちゃいますよね。そんなあなたを僕はしっかりレスキューします！　恋活メソッドを身につけて、恋愛スコアを爆上げすれば、望む恋はあなたのものです。

令和3年10月吉日

日本初の縁結び士・結太朗

第1章 9割の女性が〝恋の定説〟に騙されている……

Contents

第3章 あなたも当てはまる可能性大！

ダメ男にはまる"こじらせ女子"の特徴

Contents

第5章 射程内に入った獲物を確実に落とす！

メッセージで相手を惹きつける極意

Contents

第6章 決戦！ デート編。

男に追わせて本命女に勝ち上がる方法

第7章 セックスを武器に、狙った男を本気にさせる禁断の技

デザイン　bitterdesign
DTP　荒木香樹
装丁写真　©THREE/amanaimages
編集協力　FIX JAPAN（堤 澄江、浜津樹里）
校正　豊福実和子
本文写真　Shutterstock

第1章

9割の女性が“恋の定説”に騙されている……

あなたの知っている「恋の定説」、今は全く通用しません

かねがね僕は、恋の戦略と受験対策は似ていると思っています。なぜでしょうか？　受験の場合、まずは自分の志望校の傾向と対策を知ってから、過去問を解くほうが有利ですよね。このことは、恋愛でも同じことがいえるのです。

相手の気持ちを揺さぶるには、相手がどのようなタイプなのかをまず知ってから、相手の好みに合わせたアプローチをしたほうが、当然うまくいく確率は高くなります。

「恋の定説」や「男のタイプ別のアプローチ法」は、受験でいうところの過去問にあたり、さしずめ「試験によく出る英単語」のようなものです。

もちろん全男性を落とすほどの威力はありませんが、かなりの確率で男たちを振り向かせることができるのです。

ただし、すごく注意したいことがあります。それは、過去問の賞味期限。かなり短いの

です……。

マスコミや口コミなどによって広まってしまうと、あっという間に使い古されてしまう運命にあります。なので、常に「現状に合った男女の恋愛観や心理に合わせたアップロード」が必要になるのです。

例えば、「女性が少し上目遣いで小首をかしげてほほ笑むと、男性は胸キュンする」。この定説を聞いて、どう思いますか？　元祖ぶりっ子のようなしぐさで、現代の大の成人男性が落ちるなんて誰も思わないでしょう（笑）。

また、ひと昔前には次のような「恋の定説」もありました。「髪の毛をかきあげて、脚を何度も組み替えると男は落ちる」。まあ、遊び相手の男を探すならホイホイ釣れるかもしれませんが、ハイスペックな男性からは、ただのゲスい女もしくは落ち着きのない女と思われて終わりです。

でも、「恋の定説」としてよく知られたこれらのモテ・テクニックが通用していた時代があったのも事実なのです。

逆パターンでも、こんな話があります。僕の婚活サロンの女性会員が、

「結さん、聞いてください！　私、3人の男性から続けざまに『あなたは僕の初恋の女性

に雰囲気が似てる』と言われたんですけど、これってどういう意味ですか？」。

この話を聞いて思わず苦笑してしまいました。というのも、ひと昔前に男性誌の「恋愛特集」でこぞって書いてあった「会ったばかりの女性への口説きフレーズ」として紹介されていたのを思い出したからです。

例えば、「きれいですね」と言ってしまうと、女性は「誰にでも言っているんでしょ？」と思う。かといって、「綾瀬はるかさんに似てますね」というフレーズは、相手を選ぶので難しい。ですから、「初恋の女性に雰囲気が似ている」とすれば暗に「僕の好みのタイプ」ということを伝えられる、という理屈なんですが、今や実際にこんなことを言われた女性はキョトンとしちゃいますよね。

つまり、**世間に広まっていることの9割は、異性には胸キュンどころか、ドン引きされておしまいだったりすることが多いのです。**だからこそ、アップデートが必要となります。

特に学校や会社、趣味のサークルなどリアルな場面ではなく、マッチングアプリで出会った相手とは、マッチングしてから実際に二人きりで会うまでのスピードが速く、いわば短期決戦を求められます。

社内恋愛のように、毎日仕事で顔を合わせているうちにお互いを好きになって、半年後に付き合うことになった、という流れではなく、マッチングアプリを使った場合は2、3度会った段階で、その先も付き合うかどうかを決めるパターンがほとんどです。

短期決戦で相手を見定めながら、気に入った相手を自分に惹き寄せるためには「恋の定説」に頼りたくなるのは当然です。

でも、**通用しない「定説」を信じて実行してしまうと、うまくいくどころか全くの逆効果。ヤリモク男しか寄ってこない羽目に陥る可能性も高くなるのです。これは受験でいうところの、試験範囲以外のところを必死に勉強しまくってしまうくらいもったいないこと。**

そんな「恋のもったいないオバケ」にならないように、次から具体的に「間違った恋の定説」についてお伝えしていきましょう。これを知るだけでも、スタートダッシュが違いますよ!

×価値観が合わない相手はダメ
○価値観は相手に合わせるのが正解

これまで王道の「恋の定説」は、「価値観が合う」ことが相手選びの最優先事項でした。価値観が合うというのは、例えば「仕事や結婚、お金、住む環境に関する考えや理想が同じ、または近い」ということ。

内閣府・平成26年度「結婚・家族形成に関する意識調査」報告書によると、結婚相手に望むこととして男女ともに、「価値観が近いこと」を挙げた人が特に多くなりました。男性に至っては、72・2％と一番多くなっています。

確かに、価値観をもとに何を優先するのかは、この先ずっと同じ人生を歩む相手にはとても大切なポイントです。

それでも僕は、あえて言います。

「価値観は合うかどうかではなく、まずは相手に合わせていけ！」

こういう話をすると、こんな声が聞こえてきそうです。

「この時代、女性が男性の価値観に合わせるのはナンセンスなのでは？」

「そもそも価値観が合わない人は選びません！」

はい、少し説明させてくださいね。**確かに無理して相手の価値観にすべて合わせる必要はありません。でも逆に、すべての価値観が合う人を探すのも至難の業《わざ》。違う考えや価値観はあって当たり前**なのです。

こんな実話があります。婚活サロンの女性会員が、試しにマッチングアプリを使ってみたところ、外見がすごく好みの男性とマッチングしたそうです。背も高く、一流企業に勤めている30代の男性です。

実際に会ってみると、話が弾んだそうです。なので2回目のデートで、さりげなく彼の結婚観を聞くと、「子どもが好きじゃないので、子どもはいらない。結婚しても自分の趣味の時間がほしい」と言われたとか。

それを聞いて彼女は愕然《がくぜん》……。というのも彼女、保育士をしていて大の子ども好き。将来は子どもが3人はほしいという理想がありました。

彼女は僕に、「結さん、すごく素敵な彼だったのですが、価値観が違うのであきらめます」と言うので、先ほどの「価値観は彼に合わせなさい。**ただし、結婚するまでは、ね！」**とアドバイスしました。

「ええっ！　私、結婚の条件で子どものことだけは譲れません」と、彼女。

「でも、会話も合ったし、何より外見も含めて好みだったんでしょ？　だったら、まずは相手に価値観を合わせていき、**彼に〝運命の相手だ〟と思わせたほうがいい。結婚観は、いずれ変わっていくもの**だから」

そうして彼女は、「私も子どもはいりません。夫婦だけの生活を楽しみたいですし、お互いの趣味の時間を大切にしたい」と、彼と価値観が同じであるとアピールし、その後もデートを重ねて、出会って半年でゴールインしたのです。

結婚後、彼女は次のように報告してくれました。「結さんの〝アドバイス通りにして正解〟でした。彼の価値観に合わせたからこそ、結婚できたと思います。今では彼が私にゾッコンなので、今なら彼が〝私に合わせてくれる〟はず。今だって私、子どもは本当にほしいですもの！」

僕は、彼女をさすがだな！と思いました。

もしアプリでもリアルでも出会った相手のことをすごく気に入ったのであれば、交際当初、多少違っていても価値観は相手に合わせておけばいいのです。「価値観が近いから、気が合いますね！」と、**相手との相性のよさをアピールして交際を進めていき、そこから徐々に自分の価値観と相手の価値観をすり合わせていけば済みます。**

この彼女、その後どうしたと思いますか？　彼のことは結婚前と同様に尊重しながらも、「あなたと私のいいとこ取りした子ども、ほしくない？　きっとかわいいと思うけどなぁ」と自分の思いを告げ、1年後には彼にそっくりな女の子が生まれました。

あんなに「子どもはいらない」と言っていた彼も、今では愛娘にデレデレ。まあ価値観なんて、このようにいくらでも変わっていくものなのです。

付き合う前から「相手と価値観が合うかどうか」なんて、あまり気にしなくていい。それよりも、まずは相手に合わせて寄り添いながら、少しずつ自分の価値観を理解してもらったり、お互い歩み寄ったりするほうがうまくいきます。

せっかくマッチングアプリで素敵な人と出会えたのに、「でも、価値観が合わないのよね」とあきらめてしまったらもったいない。**すべてではなくても、目をつぶれるところはつぶって、相手の価値観に合わせていく気持ちの余裕があれば、結婚後はいくらでもあなた主導で生活が回っていきます。**

僕がこれまで見てきたカップルの多くが、価値観を女性側が合わせていったことでゴールインしているので、これはもう戦略的に間違いありません。

×男性はピンクの洋服が好き
○男性は女性のカラダのラインがわかる服が好き

明日は、アプリで知り合った彼と初めてのデート。あなたなら、どんな洋服を着ていきますか？

普段、女友だちと会うときは、ラフなカットソーにジーンズスタイルだったとしても、さすがに初対面の男性と会う日には、いわゆるデート服を着ていくのではないでしょうか。

デート服に関しても、女性の間では「間違った定説」があります。女性誌などには毎号、「彼との初デートに着ていきたい服」とか「男ウケする服ベスト3」などの特集ページがありますが、実はこれ、男性からするとちょっとズレているケースが多いので要注意です。

例えば、**「ピンクの服」「フリルがついた服」「ふわっとしたスカート」がデート服の3大定番**ですが、確かにピンクのワンピースやフリルのついたブラウスはかわいらしいとは思います。

着ている女性側のテンションは上がるかもしれませんが、本音を言うと、**男性は女性の洋服の色に対して特別なこだわりがない**のです。

服のディテールについては、服飾メーカーに勤めている男性ならともかく、服の素材や細かいデザインに関しても、ほとんどの男性がちんぷんかんぷん。

女性としては、「初デートだから、レースの袖で透け感を出して、フレアスカートでやさしい雰囲気を演出しちゃおう」などとあれこれデート服を考えていたとしても、男性にとっては、細かいこだわりや違いなどわかるはずもないのです。

では、初デートで男性に、「素敵な女性だなぁ。また会いたいな」と思わせるデート服はどのように選べばいいのでしょう?

特にマッチングアプリの場合、正直、モテ男は何人もの女性とマッチングしています。そんなライバルが多い男性とのデートで、定番の「ピンク・ふんわりスカート・フェミニン系」では、**ライバルとキャラがかぶってしまい印象に残りません。**次のステップに進めない可能性が高いのです。

なので初回から2回目のデートでは、ピンクのふんわり服は封印して、**「カラダのラインがきれいに出る洋服」をぜひチョイスしてみてください。**

男性にとってグッとくる洋服の優先順位は、「ボディラインのわかるデザイン>色>素材」だと思ってもらって間違いないです。カラダのラインを隠すふわっとしたワンピースもかわいいですが、これは正式にお付き合いすることが決まったら、好きなだけ着てくださいね。

ちょっとあざとい作戦ではありますが、1、2回目のデートでは、お互い相手の中身の深い部分まで理解することができません。

出会ってすぐは、お互い自分をよく見せようと猫かぶってますからね。だからこそ、**少しでも外見のイメージで相手を「おお！」と思わせたほうが「次も会いたい」につながります。**

男性は「ふんわりしたイメージのピンクの服が好き」なんて定番は信じず、女性らしいカラダのラインが出るデザインの服を着て、彼にとってまずは「印象に残る女性」を演出しちゃってください。

最初にもお伝えしたように、**正式にお付き合いするようになる頃には、彼はあなたの内面の魅力にも惹かれているわけですから、服装はジーンズであろうと、ふんわりワンピースであろうと、自分の好きなスタイルでOK**です。

そのほうがある意味、あなたのギャップを上手にアピールできるのではないでしょうか。

×男性は〝露出の多い服〟が好き
○男性は、本命にしたい女性には肌を見せない服を求める

あれ？　前の項では「デートはカラダのラインが出る服で」と言っていたのに、どういうこと⁇と思った方、すみません。ちょっとややこしい「服選び」の問題。ここできっちり決着をつけさせてください（笑）。

マッチングアプリで理想の相手を探す場合、ひたすら相手の外見が好みかどうか、プロフィールに書かれた内容が魅力的かどうかで、実際に「会いたいか、会いたくないか」を決めると思います。

男の本音から言うと、「肌を露出するような服を着た女性」には、思わず「おおっ！」とリアクションしてしまいます。でもこれ、**あくまでも下半身のセンサーのリアクション**なんですよ。

胸元が大きく開いた服や背中を見せた服、大きくスリットが入ったスカートをはいた女性とすれ違ったら、正直、思わずチラ見してしまう男性も多いと思います。

もしあなたが遊び相手を探しているなら、アプリのプロフィール写真を肌見せファッションにすれば、きっとヤリモク男ホイホイ状態になります。

でも、あくまでも**本命を探したいなら、露出の多い服ではなく、肌見せを控えめにしつつ、ボディラインがほどよくわかるデザインの服をチョイスしましょう。**


ここで、なぜ「男は露出の多い服が好き」という定説が間違っているのかお話しします。

厳密に言えば、男性によっては露出系の女性を本命の彼女にしたいという人もいるでしょう。

ただ大多数の男性は、肌を露出した服を着た女性に対してテンションは上がるものの、どうしても「簡単に遊べそう」「すぐ誘いに乗ってくれそう」「すぐエッチできそう」と、遊びモードを発動させてしまいます。

もっとわかりやすい例え話で説明しますね。あなたが、クラブのパーティーに参加したとします。参加者も派手な雰囲気で、会場にはノリノリの音楽。お酒も入っていたら、きっとあなたも開放的になっていつも以上にはしゃぐと思います。

反対に、初めて行く高級料亭での食事会に着物で参加したとしたら、いつもよりもきっと緊張して、かしこまってしまうはず。

どちらも同じあなたです。でも、自分の服装や行った場所の雰囲気、参加している人たちの顔ぶれなどで、自分の振る舞いや出会った人たちへの対応にも違いが出てしまいます。これは別にいい悪いではありません。

「男は露出の多い服が好き」が間違った定説であるという話に戻しましょう。結局、女性が露出の多い服を着ていると、男性はあなたを「パーティーモード」で見てしまうのです。軽いノリで接してOK、というふうに。

でも、**露出を控えた服を着ていると、相手の男性はあなたに対してきちんとした態度で真面目に接しなければと、「料亭モード」で見る**のです。

ですから、**真面目な相手と出会いたかったら、露出は控えたほうが正解**なのです。

以上は本命を探している女性にとってメリットのある話ですが、実は男性側からも「女性には露出を控えた服を着てほしい」という希望があるのです。そこには男の本音が隠されています。それはずばり、**「独占欲」**。

好きになった女性が肌見せの多い服装をすることによって、ほかの男から狙われたら嫌だという心理があります。女性が露出の少ない服を着ることで、男性が安心して女性を本命へ昇格しやすくなるのです。一方で、誰もいないところで自分にだけ肌を見せてくれれば、男性の独占欲が満たされます。

「私、いつも遊ばれてしまうんです（涙）」と言う女性の中には、デート服のチョイスを間違っているケースが多いのではないかと、僕は分析しています。

心当たりのある人は、「服装の定番」を見直してみるといいかもしれませんね。

×やせなきゃモテない
○男性はやせ過ぎの女性は好きではない

先日、新しく婚活サロンに入会した女性が、ため息交じりに言いました。「私、ぽっちゃりしてるからモテないんです。もっとやせないと」

彼女は、自分で悩むほど太ってはなく、ほどよいぽっちゃりさん。柔らかな雰囲気が素敵で、僕が「いえ、やせる必要なんてないですよ。男はね、ガリガリにやせた人よりぽっちゃりした女性のほうが好きですよ」と言うと、彼女は半信半疑で、「またまた〜、そんな慰《なぐさ》めいりません。あと10キロやせます！」とダイエット宣言をしたのです。

僕の婚活サロンには男性の会員もたくさんいるのですが、**男性の多くが「やせ過ぎている女性より、ちょいポチャ女性のほうが好き」と言っているのは確認しています。**でもそのことを女性にいくら伝えたところで、**女性側は聞く耳をもたない**感じなのです。

これは「ぽっちゃりの条件」というのが数字で表しにくいからだと思います。何キロ以上がぽっちゃりで、何キロ以上いってしまうと太り過ぎだと言い切れないのは、身長との兼ね合いがあるから。

例えば、身長165センチの女性が60キロあればぽっちゃりさんでも、身長170センチの女性では60キロでもぽっちゃりの部類には入りません。逆に、同じ体重60キロでも身長が160センチよりも小さいと、太り過ぎに見えてしまうこともあるでしょうし……。

ここで本書の編集担当の一人の女性が、ずばり一言。

「結さん、**大事なのは体重ではなくて〝くびれ〟があるかどうか**ですよ。太っちゃったかな？と思っても、ウエストに〝くびれ〟があればOKです」

この一言に、深く納得しました。そうなんです。ダイエットで体重を落とすのではなく、ほどよく筋トレやヨガなどのエクササイズをして、ウエストをキュッとさせること。それ以外は、**むしろちょっとぽっちゃりしているほうが、ウエストとの差がついて魅力的に見えます。**

無理なダイエットで体重を落としてやせるのではなく、全体的にはぽっちゃりしていても、ウエストのくびれはキープしましょう。

なぜ男性が女性のくびれに惹かれるのかというと、一目で「妊娠していない」ということがわかるから。男性は本能的に女性のくびれを好むようにインプットされている、という生物学的根拠があるのです。

今日からダイエットというよりもまずは、〝くびれ〟を目指しましょう。

×男は手作りの弁当やお菓子が好き
○近頃は潔癖症男子が多い。手作りは敬遠される

最初に「恋の定説はアップロードが必要」というお話をしました。**「手作りモテ定説」こそ、時代とともに真逆に変わった**といえます。

僕の青春時代はまさに「男は手作りのお弁当やお菓子が好き」が定番でした。誕生日やクリスマスも彼女の手作りのセーターやマフラーをもらうのが、愛されている証拠でもありました。

でも**今は、潔癖症男子が大多数派**です。この話をすると、多くの女性は嫌な顔をしますが、「(素性のわかっている) 母親が作った弁当やおにぎりしか食べられない」という男性は意外に多いのです。

一方で女性は、自分の「女子力の高さをアピール」したいのに加え、手作りのものを彼に身に着けさせることで、「この人、私の彼氏です♡」とマーキングしたい心理があります。

これは、ある男性が語ってくれたデートのエピソードです。

「初デートで、ドライブに行きました。僕はどこかのレストランでランチをしようと思っていたら、彼女が手作り弁当を作ってきてくれて。その気持ちは嬉しかったけれど、実は自分、超がつくほどの潔癖症。おまけに好き嫌いも多くて、彼女が作ってくれた弁当、ほとんど食べられませんでした。『もしかして、迷惑だった……?』と彼女。それがきっかけで気まずくなり、2回目はありませんでした」

別に手作りが悪いわけではありません。喜ぶ男性もいます。でもこのご時世、潔癖な人が増えたのも事実。手作りでアピールするのは、正式に交際する前はやめておいたほうがいいでしょう。

交際が始まって、彼から「君の手料理が食べたいな」とリクエストがあってから、料理の腕前を披露するほうが無難です。

また、**手作り系のプレゼントにしても、手編みのセーターは男性にとってはヘビーな印象になちがち。**相手の好みもありますし、もらったらデートの度に着なくては、と男性側もかなりのプレッシャーに。

身に着けるアイテムではなく、自宅で使えるランチョンマットやティッシュケースなどを手作りしてプレゼントすれば、男性も気軽に受け入れられるのでオススメです。

×LINEのメッセージは既読スルーで焦らそう
○焦らしは禁物。
ストレートに「大好き！」と送ろう

よくありがちな男性を焦《あせ》らせるテクニックがあります。例えば、メールやLINEは3日空けて返信したほうが男性の気を惹ける、など。

返信がすぐ来ないと男性は、「ほかの男とデートしているのかな？」など、あれこれ考えて嫉妬《しっと》することもなくはありません。この焦らし作戦でうまくいくこともあるかもしれませんが、**男の本音から言うと「焦らされている」「駆け引きしている」とわかってしまった瞬間、萎《な》えてしまいます。**

そんな駆け引きをするよりも、素直に「素敵ですね♪」「好きです！」「かっこいい♡」

と言われるほうがはるかに、男性は嬉しくなって、あなたをどんどん好きになります。

ある女性の体験エピソードを紹介します。

「雑誌の『男は焦らして追わせましょう』という恋愛記事を読み、マッチングアプリで出会った男性に対して、LINEは既読スルーして2日後に返信。デートの約束も一度は『その日は予定があるので』と断っていたら、『僕に興味がないようですね』と、3人連続で去っていきました……」

男性は正直、素っ気ない態度をとられたり駆け引きされても、その趣旨をくみ取れなかったりします。**「連絡がすぐ来ない」＝「自分に気持ちがない」と思ってしまいます。**

それよりも、男性からの誘いにはリアクション早く**「誘ってくれて嬉しい！」「早く会いたいな」「一緒にいたいな」と伝えたほうが、その女性への熱量が上がります。**

焦らしテクニックをしている間、男性はリアクション上手なほかの女性に気持ちが移ってしまう可能性大。焦らしテクニックは、付き合いが長くなってマンネリになるまでやめておきましょう。

×運命の相手は一緒にいてキュンキュンする人
○長続きするのは一緒にいて眠くなる人

運命の相手、というとあなたはどんな人をイメージしますか？　以前、ある有名な女性歌手が結婚したとき、出会った瞬間「ビビビときた」とコメントしたことから、「ビビビ婚」といわれトレンド入りしたことがありました。

運命の相手というと、よくレディースコミックで描かれるような、出会った瞬間お花畑にいるような、一緒にいるといつも胸がドキドキと高鳴るシーンを思い浮かべます。

このようなことから、**一緒にいるとドキドキしてしまう男性を、「運命の相手だわ♡」と思いがちですが、実はこの「恋の定説」は間違い**なのです。

僕の友人の医師から興味深い話を聞きました。

「恋をすると、ドーパミンという快楽物質が出ます。これは恋愛感情が芽生えると放出される物質で、ドキドキするなどの高揚感《こうようかん》や多幸感が得られます。でも、ドーパミンの分泌は長く続かない。そのため、**ドキドキ感を求める恋は長く続かず、新たな恋を求めることにつながります**」

この話を聞いて、深く納得しました。僕のところに相談に来る男女の声からも、「一緒にいるとドキドキするのです。今度こそ運命の恋です！」と言っていた人ほど、そのあとすぐ別れるケースが多かったからです。

さらに友人の医師は教えてくれました。

「ドキドキするようなドーパミン的恋は短期で終わるけれど、安心感や癒《いや》しを伴う**オキシトシン的恋は長続きします。**オキシトシンとは、出産した女性が赤ちゃんを育てるための母乳を作るときに分泌される愛情ホルモンです。最近の研究では、出産の有無に関係なく、男性にも分泌されることがわかっています」

オキシトシンは、相手と抱き合ったり手をつないだりしたときに得る安心感や癒し、相手を守りたいとか愛《いと》おしいと感じたときに分泌されます。

医師が言うには、オキシトシンは恋人だけでなく、子どもやペットと触れ合っているときにも分泌されるそうです。

また、オキシトシンは愛着ホルモン、癒しホルモンとも呼ばれ、オキシトシンが出るとリラックスして眠くなるそうですよ。なので、**運命の相手は一緒にいてドキドキする相手より、眠くなる相手のほうが正しい**のです!

もちろんドキドキの恋が悪いわけではありません。恋の始まりがドーパミン的ドキドキ恋であったとしても、だんだんとオキシトシン的癒し恋にシフトチェンジしていけばいいのです。

(出典:ダイヤモンド・オンライン「「恋愛依存症」とは何か?その メカニズムと治療法」、理化学研究所「熱愛中にドーパミン神経が活性化する脳領域を解明」)

図1　ドーパミン的愛情とオキシトシン的愛情の比較

ドーパミン的愛情	オキシトシン的愛情
熱愛、情熱的な愛	友愛、慈愛
高揚感、興奮、ドキドキ感	リラックス、安らぎ、安心感、信頼感
心拍数⬆	心拍数⬇
もっと会いたい、もっと愛してほしい（欲求が満たされない）	一緒にいるだけで十分（満足感）
求める愛	満たされる愛
いてもたってもいられない（情熱的）	そこにいるのが当然、一緒にいて当たり前（安心感）
恋愛依存症になりやすい	恋愛依存症になりにくい
2～3年でさめやすい	継続的、永続的

出典：『精神科医が見つけた 3 つの幸福』（樺沢紫苑／飛鳥新社）

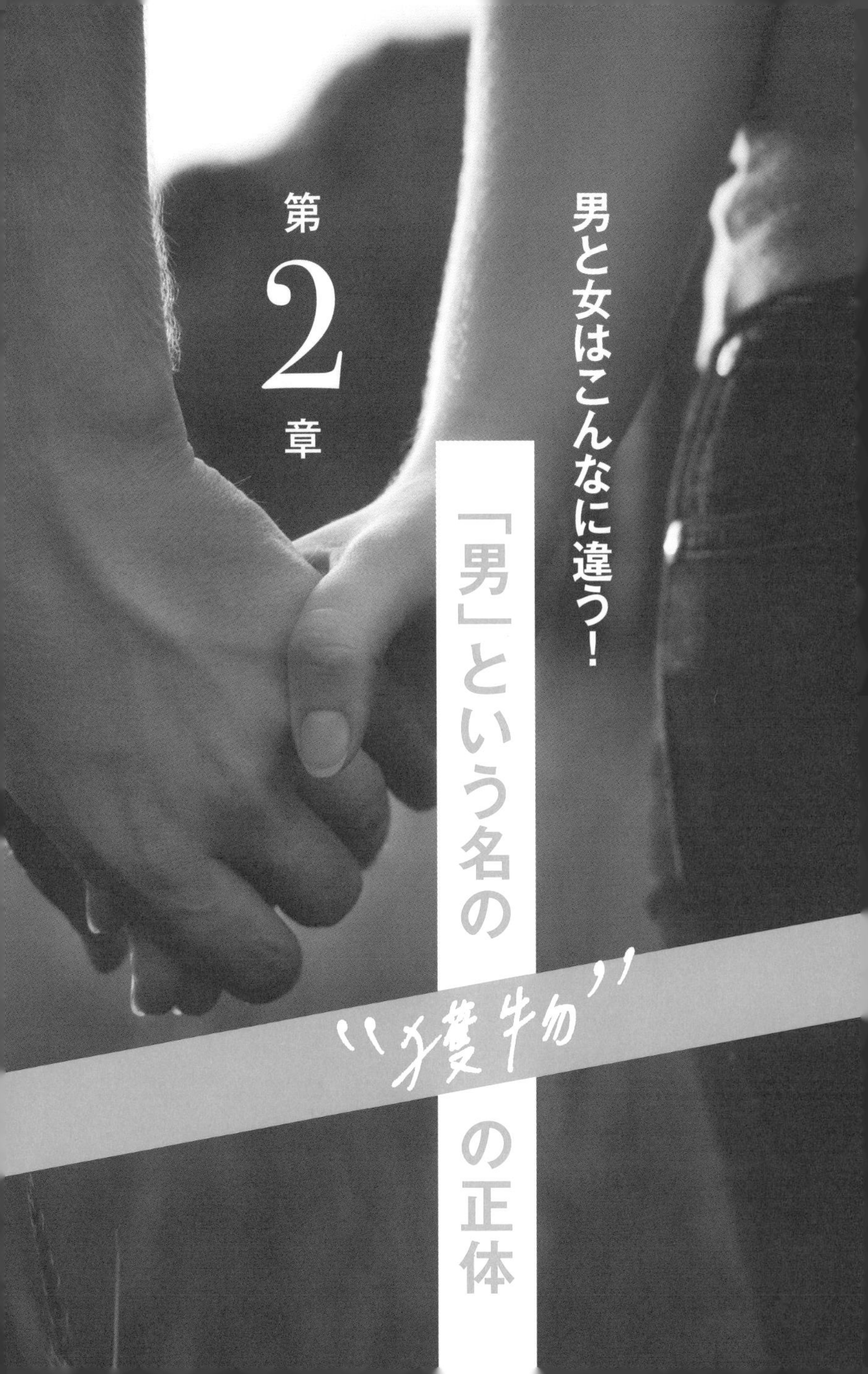

第2章

男と女はこんなに違う!

「男」という名の“獲物”の正体

男の癖《くせ》を知らずして、恋愛はうまくいかない

本章では、男女の心理や男性脳、女性脳の違いなどから、男女でどのように恋愛観が違うのか紐解いていこうと思います。

第1章を読んでくださっただけでも、男性が今まで思っていたのとだいぶ違うとショックを受けたかもしれませんが、実はまだまだそんな事例はたくさんあるのです！　その中でも恋愛において大事なものを、この第2章ではピックアップしていきます。

ところで、現在は多様性の時代です。女性っぽさが強い男性もいれば、男性っぽさが強い女性もいます。そもそも「男と女」というくくり方も古いのかもしれません。

しかしながら、男女ではカラダの仕組みに違いがあります。脳科学においても、女性のほうが右脳と左脳をつなぐ脳梁《のうりょう》が太く、左脳と右脳を上手に使い分けることが得意であると実証されています。

例えば女性は、テレビを見ながら料理を作ったり、友だちと電話をしながらマニキュアを塗ったりすることが平気でできますが、男性は2つ以上のことを同時にするのが苦手です。

やはり、男女の脳の構造からくる考えや行動の違いというのは多かれ少なかれある、と400組以上のカップルを成婚に結びつけてきた経験からも実感しています。

「男ってなんでこうなの?」「男の考えがわからない」とあきれる前に、「男性がついとってしまう行動様式」について、次から詳しくお伝えしていきましょう。

この男性の癖がわかれば、実際にマッチングアプリを使ったり、メッセージをやり取りしたり、デートしたりする際にもうまく進めやすくなります。それに、男性からされてイラッとする行動も、「男ってこういう生き物だから仕方がない」「悪気があってやってるわけじゃない」と冷静にもなれますし、つまらないことで振ってしまうこともだいぶ減るでしょう。

本書は第4章から実践編になりますが、この第2章を一度読んでいただくことで、第4章以降がだいぶ理解しやすくなりますよ。

安心すると浮気する男VS不安になると浮気する女

「二人の関係性が安定してくると浮気の虫がうずきだすのが男、彼の気持ちが読めなくなって関係が不安定になると浮気するのが女」というものがあります。

これには理由がいくつかあります。まずは図2を見てください。男女が付き合い始めてからの「時間の経過」と「気持ちの盛り上がり具合」を男女で比べています。研究や文献によって多少異なりますが、大きくは共通していてこのような曲線になります。

図2を見てもわかるように、男性は実際に交際をスタートしてすぐに感情のボルテージが上がります。この状況を男目線で分析すると、好きになった女性を自分のものにして、心身ともに攻略している期間が男性は一番テンションが上がるのです。一緒にいるとドキドキもするし、エッチも新鮮。相手に嫌われたくないから、女性に対してもやさしくスマートに振る舞います。

図2 男女の恋愛曲線

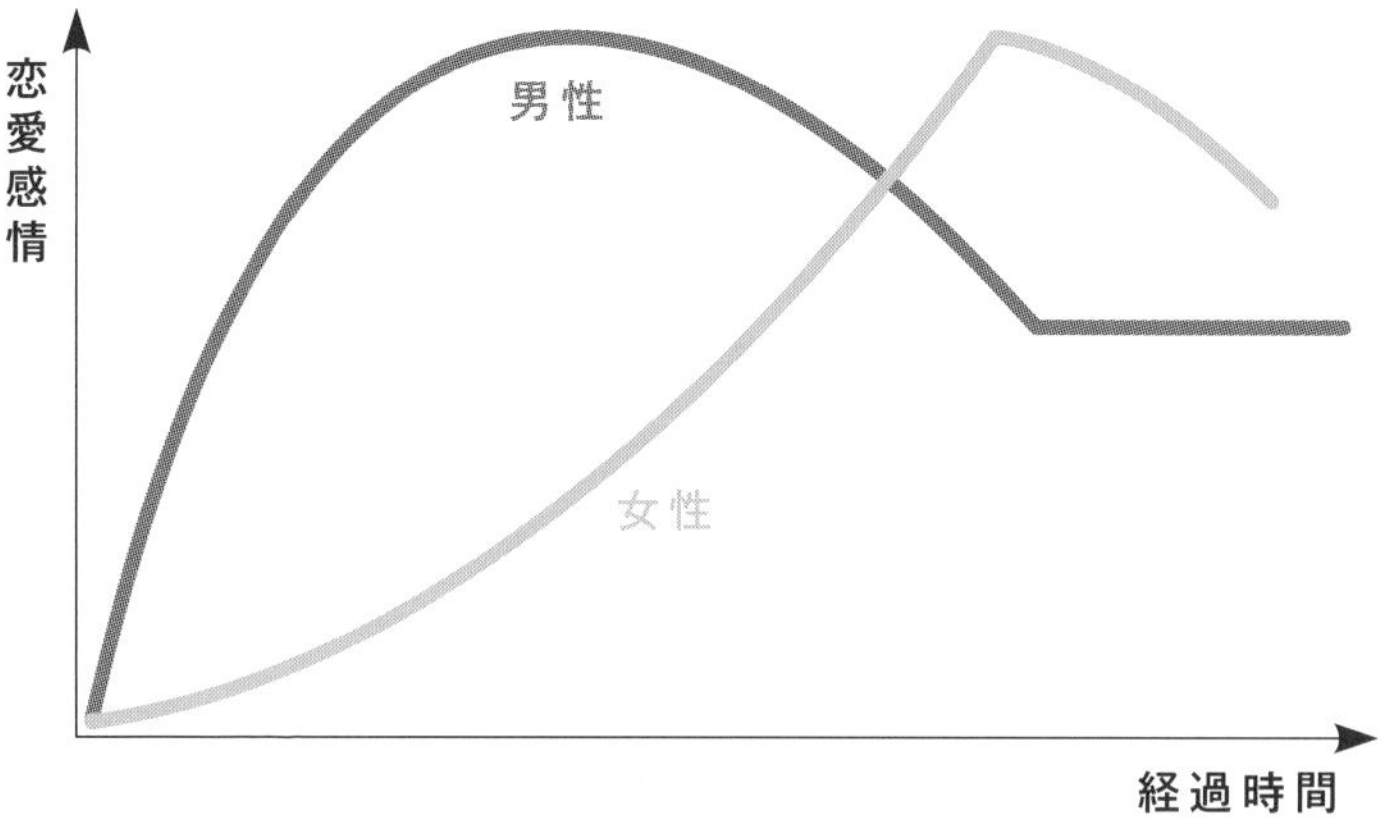

一方で女性は、たとえ好きな彼との交際がスタートしたとしても、最初の3か月くらいは「相手の見定め期」になります。「私のことを本気で好きなの?」「大事にしてくれる?」「将来、有望な男かしら」と、現実的な目で相手を見定めるので、ボルテージは男性と比べると低めになります。

ところが……、図2にもあるように二人の関係が安定期に入ると、見事に恋愛曲線が逆転していきます。

男性は彼女との関係が安定してくると、新たな刺激や新鮮な魅力をもった異性に気持ちが向けられる傾向が強くなります。これはもう、自分の遺伝子(精子)をより多くばらまきたい、という男の本能といえます。

この恋愛曲線の逆転が、先に述べた「男は安心すると、浮気をする」につながります。男性は自分の居場所が確保された安全基地があると、急に強気になって冒険に出たくなる生き物。本命の彼女のことは大切でも、目新しいドキドキを与えてくれる女性と浮気したくなるのです。

女性はその点、違います。いつも側《そば》にいて安心と信頼と癒しを与えてくれる恋人に対して、どんどん愛情が深くなっていきます。ドキドキの刺激ではなく、安らぎに似た愛着心のような気持ちが湧き出てくるのです。

女性はとにかく「安心安全の場所や相手」との関係が何よりも大事。「私は彼から深く愛されている」と実感できれば、わざわざリスクを負ってまでほかの男と浮気したいとは思いません。

では女性が浮気に走る原因は何でしょう？　それはずばり、**彼との関係が不安定になったとき。**

「最近、彼が冷たい」「浮気してるみたい」「私って女性として魅力がないのかしら？」と不安にかられると、本能的に「より安心を与えてくれる相手」「女としての自信を取り戻させてくれる相手」を求めるようになります。

男性の浮気と違い、「遊びでもいいから」という相手探しではなく、次なるスペアを求めて浮気に走るケースが多いのです。

では、「恋愛曲線」の逆転現象や、お互いが浮気合戦にならないためにはどうしたらいいのか……？

○二人の関係性が安定してきたら、恋愛依存をやめる⇓**彼の自分への態度に一喜一憂せず、ドンと構える**

○メンヘラ気質を出さない。男の気持ちが離れて自分も不安になるから。結果、次の相手を探す行為＝浮気に走って悪循環になる⇓**嫉妬心、束縛《そくばく》はほどほどに**

○恋愛曲線をお互い安定させるために、出会った頃の新鮮な気持ちを忘れない⇓**相手の男性に「浮気したら彼女を傷つけるし、いなくなったら困る」と思わせることが一番。追う女から卒業して、〝追われる女〟になる**（詳しくは第6章で解説）

「男女の恋愛曲線」を理解しつつ、感情のボルテージをお互いの歩み寄りによって、上手にコントロールできるようになるのが理想です。

「感謝」されることを求める男VS「大切」にされることを求める女

男性は、女性から頼りにされて「あなたがいてくれて助かったわ。ありがとう」と言われるのが大好きです。多分、言われて嫌な男性はいないのではないでしょうか。基本、男性は「頼られたい」「必要とされたい」「ほめられたい」「感謝されたい」という生き物です。小学生から変わりません、単純なんです（笑）。

よくあるケースだと、彼女の部屋の電球を替えてあげたり、パソコンや電化製品について、いろいろと教えたり手伝ってあげたときに、「ありがとう！　あなたってすごいのね」と女性から言われると、男性はプライドをくすぐられて優越感にひたれるのです。

女性から感謝されると、「自分は必要とされている、有能な男なんだ」と思い、嬉しくなっちゃうのです。

もちろん女性も、好きな彼から感謝されるのは嬉しいですが、それよりも**「君のことを**

誰よりも大切に想っているよ」という気持ちを、言葉と態度で示してくれることを求めます。

デートのときに、ちょっとした花束を渡して「君に会えて嬉しかったから、記念に」なんて言われたら、女性はきっと「彼は私を大切に想ってくれている」と嬉しくなると思います。

別に花やプレゼントがほしいというよりも、気持ちを態度に表してくれたことに感動するのです。

女性たちの声を紹介しましょう。

「アプリで知り合った何人かの男性の中で、きちんと素敵なレストランを予約してくれて、3回目のデートまではカラダの関係を求めずに『君との関係は大切にしたい。君が僕のことを好きになってくれるまで待つよ』と言ってくれた男性がいました。私のことを大切にしてくれていると感じ、とても彼のことが好きになったんです。今は結婚を前提に付き合っています」

「アプリで出会った彼、私をお姫様扱いしてくれるの。道を歩いていてもさりげなく歩道側を歩かせてくれたり、ドライブデートのときも『酔ったりしてない？』と聞いてくれたり、ホテルでベッドに行くときも、いつもお姫様抱っこしてくれたり……。大切に扱ってくれている感じがしてすごく嬉しい」

まあ、それを逆手にとった遊び人もいますから、プレゼント作戦やお姫様扱いもときには用心しなければいけませんが、とにかく**女性は「自分が大切にされている」＝「男性から愛されている」と思う傾向にあります。**

男性もそれは同じなのですが、**物をプレゼントされたり、サプライズ演出するのは逆に重荷になるのでオススメしません。**

男性はお花などをもらうよりも、「あなたって頼りになる。何でもできるのね、すごい！　本当にありがとう♡」と笑顔で言われるほうがずっと効果があることは覚えておきましょう。

覚えておいてほしいことほど忘れる男VS忘れてほしいことほど覚えている女

まずは、あるカップルの会話を聞いてください。

女「ねぇ、明日は何の日かわかる?」
男「え、明日? 君の誕生日じゃないし、なんだろう(汗)」
女「覚えてないんだー(がっかり)。明日は私たちが交際して1年の記念日よ」
男「あ、ごめん。そうだったね、思い出した(どきまぎ)。じゃ、明日は休日だし、映画でも観に行こうか? トム・クルーズの映画が面白いらしいよ」
女「……トム・クルーズの映画といえば、元カノとよく観に行ったたって言ってたわね」
男「そんなこと言ったかな?」
女「あなたって本当、何も覚えてないのね。大事な記念日も、都合の悪い話も!(怒)」
男「君こそ、昔のことをネチネチしつこいなぁ。いちいち覚えてないよ」
女「あなたって最低! 悪いのは、何も覚えていないあなたよ!」

男「君こそ、元カノ話を蒸し返してきて、性格悪いんだよ！（怒）」

このカップルの会話、思い当たる人もいるのではないでしょうか。僕は男なので、彼氏の気持ちはよ〜くわかります（笑）。女性にとっては覚えていて当たり前の記念日など、悪気はなくても、つい忘れてしまうのが男性なのです。

逆に、男性にとって都合の悪い「元カノ話」「過去の浮気話」「彼女の名前をほかの女性の名前と言い間違えた件」ほど、いつまでも忘れないのが女性です。

二人にとって大事なことをつい忘れてしまうのが男、男が忘れてほしい過去の失態をいつまでも忘れられずについ蒸し返してしまうのが女、なのです。

このよくあるパターンの対処法は、２つあります。

❶ **男性が失言したり、記念日などを忘れてしまって真剣に謝ってきたら、女性側はそれ以上、詰め寄らずに許してあげましょう。**

嘘をついたりごまかしたりする男性も中にはいるかもしれませんが、男性心理としては、あなたとの関係を壊したくない一心での行動。「もう忘れないでね」「今度は間違えないでね」と釘をさしたら、あとは笑って許してあげてください。

❷付き合いが浅い場合は、相手のミスをとことん突き詰めてしまった時点で、関係が壊れてしまう可能性大。スルーするのも優しさです。

そのあとの男性の行動を見て、誠意ある態度だったら、ミスを咎《とが》めずに信じてあげましょう。

記念日を彼に覚えてもらうには、オススメの方法があります。彼に何気なく、「●月●日は、何の日？」と、定期的にクイズ形式で聞いて覚えてもらう方法です。ちなみに我が家の場合は、結婚記念日が1月11日なので、年に1回だけでなく、毎月11日には妻の好きなレストランで食事をすることになっています。このように習慣づけてしまうのもいいかもしれません。

要は男性って簡単に忘れちゃう生き物なのです。でも全然悪気もないし、女性のことを軽んじているわけでもない。

「そういう生き物だから」と理解して、女性側が上手に導いたほうがずっと幸せになれます。

悩みごとは一人で解決したい男VS悩みごとは話して解決したい女

カップルのケンカの理由のベスト3に入るのが、「悩みごとの対処法の違い」です。

ある女性のエピソードを紹介しましょう。

「社内恋愛中の彼がいます。仕事もできるし、普段はやさしいいし、外見も好みで申し分ないのですが、一点、いつもケンカになってしまうことがあります。私が、その日あった社内の出来事をあれこれ話すと、彼はいつも『結論から先に言ってくれる？ 君は結局、何で悩んでるの？』と返してきます。ちょっとしたグチに関しても、『君は仕事に感情を持ち込み過ぎだよ。もっと淡々とこなせばいいんだ』と、お説教めいたアドバイスをしてきます。私は、ただ話を聞いて『そうなんだ、大変だったね』と言ってもらいたいだけなのに……」

この彼女のエピソードにもあるように、女性は自分の状況や感情を理解して共有してもらいたい気持ちが強い。なので、悩みごとはもちろんのこと、今日あった出来事や楽しかったこと、ちょっとムカついたこと、心配なことなど、恋人に話を聞いてもらって「わかる、わかる！」「そうなんだ、大変だったね……」「頑張ったね、えらいね」と、**ひたすら共感してもらいたい**のです。

でも男性は違います。悩みごとがある場合、**自分の気持ちがある程度整理されるまでは、他人にあれこれ詮索《せんさく》されたり意見を言われるのを好みません。**

女性はよかれと思って、「最近元気ないみたいだけど、何か悩んでるの？　よかったら話、聞くよ」「あなたのやり方が悪いんじゃない？　もっとこうすればいいのよ」などと言おうものなら、男性は嫌な気持ちになります。「今いろいろ考え中だから、ほっといてほしい」というのが男性の本音なのです。

女性は、悩んでいる過程や葛藤《かっとう》も含めたプロセスを聞いてほしいし、共感してほしいのですが、つい男性も同じように考えていると思って男性に接してしまいがち。

でも、ほとんどの男性は、自分のことは自分で決めたい気持ちが強いのです。

仮に相談するなら、自分が尊敬している会社の上司や先輩、またはその問題の専門家に意見を求めます。いずれにせよ、**自分で答えを出そうとしているときは、そっとしておい**

てあげるほうがいいのです。

これは最初にお伝えした「男性は、同時に2つのことができない。ひとつのことに集中したい傾向が強い」ということにもつながります。**悩みごとが解決したら、いつも通りに戻るので安心してください。**

さらに**男性は、プロセスはどうでもよく結果を重んじます。なので、話の結末が見えない、とりとめのない話を延々と聞かされるのは苦痛です。**

男性には「共感」を求めるより、「●●に関しての、あなたの意見を聞かせて」「●●で悩んでるの。あなたのアドバイスが聞きたいな」と、できるだけ具体的に話すといいでしょう。

アドバイスをしてくれたら、「ありがとう！　おかげで解決できそう」と言えば、彼は喜んであなたの話を「うんうん」と聞いてくれるはず。

女性にとって「アドバイス」は必要なくても、まず先に具体的な「アドバイス」を求めてから共感してもらいたい話をすると、男性も機嫌よく話を聞いてくれると思います。

今度からは、この作戦、実行してみてくださいね！

好きになる候補は「数十人」の男VS好きになる候補は「数人」の女

この真実を女性にお話しすると、たいていはギョッとするようです。少し補足説明をさせてください。

「好きになる候補」というのは、本命が絞り切れていない状況ということ。マッチングアプリでいうなら、気に入った相手に〝いいね〟を送り、個別で会う約束を取り付ける人数ということです。

ここで男女の違いが大きく出ます。

女性は、気に入った相手をそれなりに吟味します。「外見◎、職業○、年収○、趣味が合うか△」といったように。

合計で70点以上なら、「恋人候補」に入ります。でも、実際に会ってみて「イメージと違う」「会話が弾まない」「遊んでいそう」とマイナスポイントがつくと、恋人候補から外していきます。

もっと具体的に言えば、**恋人候補は実際に会ってみてから決めるので、候補になる人数は多くて3、4人といったところ**です。ある女性の声を紹介します。

「プロフィールを見て気に入った相手と実際に会ってみないと、好きになれるかどうかはわかりません。仕事のスケジュールの合間に会う約束をするので、アプリで知り合っても同時進行は3人までと決めています。それ以上になると、LINEの管理も面倒だし、相手とのやり取りも覚えきれませんから」


一方で**男性は、マッチングアプリで女性の顔写真を見て好みだと思っただけでも、恋人候補に入れます。**

「『この女の子、かわいい！　好み♡』と気に入れば、十分に恋人候補ですよ。だって男性は女性の職業や年収は気にしませんし、よっぽど性格が悪くない限り、付き合えるかもしれない＝恋人候補になるんです！」

こう話してくれたのは、とある商社勤務の男性。男性はパッと見のインスピレーションで、好みの女性を恋人候補に入れてしまう傾向があることがわかります。

この心理を紐解くと、「男性は候補人数を増やすことで、アタックして振られたとしても、次の候補がいることで安心感を得たい」という心理があることがわかります。

それには理由があって、交際がスタートするまでは、どうしても女性が主導権を握ることが関係しています。「選ぶ女性と、選ばれる男性」という図式であるため、女性は候補者を絞りますが、男性は候補者が多いほうが選ばれる頻度が高くなるわけです。

そこで、この男性心理を利用しちゃいましょう! 外見が好みであれば好きになってもらえるのですから、まずは外見を磨きましょう。……などとありきたりなことは言いません(笑)。だって皆さん、外見磨きは努力しているからです。

一番いけないのは、マッチングアプリに載せる顔写真を、アプリで加工し過ぎてしまうこと。外見をかわいくきれいにするだけでも、たくさんの男性が〝いいね〟を送ってきますが問題はそのあとです。

男性があなたを恋人候補に入れたとしても、**実際に会ってみて実物と顔写真にギャップがあると、男性は一気に冷めて恋人候補から外し、そこで「試合終了」になってしまいます。なぜって、男性は恋人候補者がたくさんいるので、より好みの相手にターゲットを替えればいいから**です。

「女性だって同じですよ～」という声も聞こえてきそうですね。

でも、ここでも男女の差があります。女性の場合、「会ってみたら顔写真より実物がイマイチだった」としても相手が医者だったり、ＩＴ企業の社長だったりしたら、恋人候補から外しますか？　外さないですよね（笑）。

素敵なレストランにエスコートしてくれて、会話も飽きさせない。服装も身のこなしもセンスある振る舞いだったら、**外見が多少好みじゃなくても「中身で好きになる（盛り返す）可能性が十分にある」のが女性**なのです。

よくドラマや漫画で「最初は好みじゃなかったけれど、中身を知ってだんだん好きになった」というストーリーがありますよね。これが、女性にはよくあるケースです。男性にはほとんどありませんが。

一方で**男性の場合は、「まずは外見が好みであることが絶対条件。あとは中身を知ってさらに好きになる」という流れをたどります。**

仮に外見が好みじゃない女性からアプローチされて、一瞬付き合ったとしても、ほかに好みの女性が現れたら男性はそちらの女性を選んでしまうのです。

なので、好みの男性の恋人候補になりたいのであれば、**加工した顔写真で超高得点を狙うよりも、合格最低点はとれるくらいの見た目づくりを頑張って、そこから先は中身で点数をしっかり増やしていくという戦略をとりましょう。そのほうが無理はない**ですし、実際に会ったときに「実物と違う……」とギャップを感じさせてしまうことも減ります。

マッチングアプリのプロフィール写真には、お洒落なカフェや手料理の写真、きれいにネイルをした指先、スタイルのよさを強調した後ろ姿、つやつやの髪の毛からちょっとのぞく横顔の写真を載せるくらいにしておき、イメージアップを図っておきます。それくらいでも、マッチングが成立することは多いです。

で、実際に会ったときに感じよく振る舞って笑顔を時折見せるくらいにすれば、「素敵！　きれい！　かわいい！」と、あなたの評価は加点されるはずです。

少し説明が長くなりましたが、まずは男性の好みの射程内に入りましょう。でも**男性の恋人候補のゲートは、女性に比べるとはっきり言ってだいぶ広いし、セキュリティはかなりゆるめ**です（笑）。

候補になってしまえば、あとはあなた自身の内面の魅力を小出しに見せていけばＯＫ。

男って、単純でしょ?

恋愛ファイルは「複数保存」の男VS恋愛ファイルは「上書き保存」の女

この定説はよく聞くかもしれませんね。まずは女性の声を聞いてみましょう。

「2年前にすったもんだして別れた彼氏がいます。原因は私の親友との浮気。泣いてあきらめて、彼と親友の恋を応援できる心境になるまで半年以上かかりました。思い出の品をすべて捨てて、連絡先も消去して新しい恋をやっと始める気持ちになった矢先、SNSを通じて元カレから『久しぶり! SNSで偶然君を見かけて懐かしくなって。近いうち会えるかな?』とメッセージ。私としては『どの口が言ってるの? 何を今さら……』という気持ち。今は仕事先で出会ったデザイナーの彼とラブラブなので、元カレの入り込む余地は1ミリもなし！　だから、『私は今、熱愛中。あなたにかまってる暇はありません』とメッセージを送って即ブロックしました。元カノに連絡してくる心境、何なのでしょうか？」

皆さんの「わかる、わかる」という激しいうなずきが見えてきそうです。変わって、男性側の声を紹介します。

「先日、高校時代の同窓会がありました。元カノも参加していて、久しぶりに会ったらすごくきれいになっていて。卒業後になんとなく自然消滅してしまった元カノとの思い出がよみがえってきて、酔った勢いで『ホテル、行こ！』と誘ったら『ありえない』と肘鉄《ひじてつ》をくらいました（とほほ）」

男性側の声を拾うと、けっこうこのパターンはあります（笑）。そして、**昔の彼女との思い出の品や写真などが捨てられないのも、男性あるある**です。

ですが、女性は現実的です。「いったん過去の存在」になった男性は、自分の心の中から消去します。女性は新しい恋を上書き保存するので、よっぽどのことがない限り復活愛はないのです。

その点、男性は今付き合っている彼女がいても、いつまでも「過去に付き合った恋人の存在」が消せません。一時凍結しても、チャンスがあれば解凍したいのが男性の心理。

なので女性の皆さん、**元カレから熱烈アプローチがきたとしても、彼の本心はただの暇つぶしか、彼女に振られて女っ気がない生活をどうにかしようと連絡しただけ**かもしれません。ご用心！

「ツッコミ上手」に惹かれる男VS「共感上手」に惹かれる女

本章の最初のほうで「女性は共感してほしい願望が強い」というお話をしました。僕は婚活サロンの男性たちには、「女性は共感してもらうと喜びます。できるだけ『それは大変だったね』『よく頑張ったね』『つらい気持ち、わかるよ』と共感のメッセージを送ってあげましょう」とアドバイスしています。

一方で女性の皆さんには、次のように全然違う助言をします。「男性は会話にノリのよいツッコミをしてくれる女性が好きだったりします。**ツッコミ上手な女性は、場の空気を明るくする盛り上げ上手**でもあります。毎回やらなくてもいいのですが、**男性の話を上手に盛り上げてくれる女性は、はっきり言ってモテますよ**」

特に今どきの男性は、自分のトーク力に自信がない人が意外に多いのです。初対面の女性や付き合い初期の段階だと、内心は「自分の話が面白くないと思われないか」「つまらない男だと思われないか」「一緒にいる時間が退屈しないか」と、あれこれ不安に思っているものなのです。

ある男性は、「マッチングアプリで知り合ったすごい美人とデートしたのですが、会話の際に盛り上げているのは自分だけで、彼女はリアクション少なめ。一緒の時間を楽しめないのは、いくら美人が相手でもつらい。二人目のマッチングした女性はノリがよくて、会話のところどころで『今、ドヤ顔したでしょ?』『あなたって天才!』など、ほめたりツッコミを入れたり。話していてすごく楽しかった。**文句なく、ノリがいい彼女と付き合うことにしました**」。

とにかく男性は、女性が上手にツッコミを入れたり、笑顔でリアクションしてくれたり、ときにはほめてくれたりしながら、会話の流れを誘導してくれるとすごく嬉しいものなのです。

一緒にいて楽しくて、自分に自信をもたせてくれる女性。それがツッコミ上手な女性ともいえますね。さらに、ある男性の証言を紹介します。

「ツッコミ上手な女性、好きですね。ツッコミってそもそも相手のことを知らないとできないし、**ツッコミを入れられると『自分に興味があるんだな』と嬉しくなります**。僕の彼女は会社の同僚なんですが、僕が残業していると、ひょいと顔を出して『今、私にヘルプミーって言った？　なんか心の声が聞こえてきたんだけど』と、ツッコミを入れてくれます。それだけでなく、外回りに行くときは『さぼるなよ』って声をかけてくる。気心知れた相手だから、そういうツッコミも嫌じゃないんですよ。むしろ、愛のあるツッコミは心の距離が縮まるのです」

このエピソードからも、適切なタイミングで放たれたツッコミは、男性が自分のことを「興味をもって、理解してくれてる」と思い、嬉しいものだということがわかります。

でも、女性側からは、こんな失敗談も……。

「テレワークをしている彼の部屋に夕飯を作りに行ったときのこと。仕事でトラブルがあったらしく、パソコンの前でため息をつく彼に『そんな顔したら、イケメンが台無しだよぉ』とツッコんだら、真顔で『ちょっと、黙っててくれないかな』って。いつもは喜ぶツッコミも、タイミングを間違えると逆効果だと気づきました」

このように、男性は何かに集中しているとき、考えごとをしているとき、落ち込んでいるときに、軽くツッコミを入れられると、その軽いノリに瞬時に反応することができません。

何かに集中しているときは、ツッコミを入れるのはやめておきましょう。

また、難しいのが「ツッコミ」「いじり」「かまう」の違いです。

あくまでも適切なタイミングで、センスのいい一言を投げかけるのならいいのですが、**相手の弱点やコンプレックスをいじったり、馬鹿にするのはよくありません。**

「10歳も年下の女性から、『●●さんって夕方になると〝おっさん臭〟がしますね』といじられてすごく嫌な気分に。たまに、上から目線でかまってくる女性もいます。愛のあるツッコミは大歓迎なんですけどね」。こんな証言もありました。

つまり男は、自分に無関心なのは嫌だけど、上から目線のいじりはＮＧ。

「あ〜っ、男って面倒くさい！」

はい、中身は永遠の中学生……。かまってちゃんの男性を上手に手のひらで転がせる女性が、恋の勝ち組になれることだけは断言しておきます。

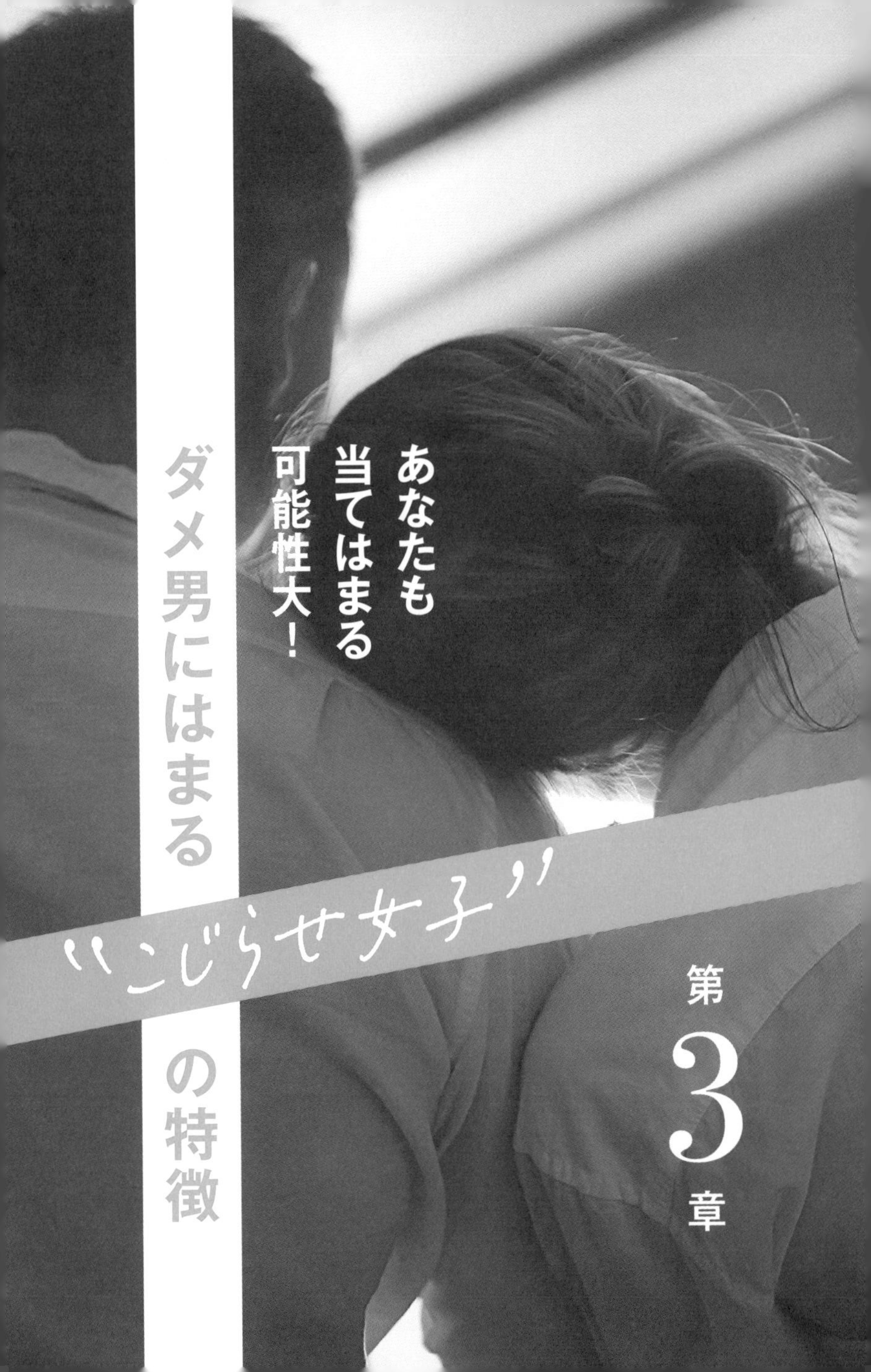

第3章

ダメ男にはまる“こじらせ女子”の特徴

あなたも当てはまる可能性大！

不細工や性格が悪いだけが、こじらせ女子の特徴ではない

「こじらせ女子」「メンヘラ女子」というと、毎回、ダメ男に自らはまって地雷を踏みまくり、自爆している女子をイメージします。

これまではモテなくて恋愛偏差値の低い女性が、慣れない恋愛にはまってジタバタしているのが、こじらせ恋の定義でもありました。

ところが、それはマッチングアプリが主流になる前のお話。主に知り合いを通じてチャンスが広がるリアルな出会いとは違い、マッチングアプリではこれまで全く接点がなかった層にも、全方位に出会うチャンスが広がっていきます。

よく言えば、北海道に住んでいても沖縄の人と出会ったり、自分の好みの異性とたくさん知り合うチャンスに恵まれるメリットもあります。

その反面、多くの出会いの中には遊び目的で近づく男たちもいて、**出会わなくていいダ**

メ男と痛い恋をしてしまう可能性もぐんと増えました。

恋愛において、こじらせ女子、ないしこじらせ女子予備軍だと、失敗に終わる可能性大なので、本章ではこじらせ女子についてしっかりと解説しておきます。

僕なりに分析した結果、**勝ち組であるモテる男女に群がる形でピラミッドを形成しているのが、マッチングアプリの世界。**

遊び上手なイケメンに女性が群がる構図になっているので、モテ男は一人に固執することなく、多くの女性と同時進行で関係を結ぶことになります。

これまではリアルな世界でモテてきた女性でも、マッチングアプリの世界で自分好みのランクの高い男性と付き合うためには、並み居るライバルの女性たちと戦って勝ち残っていかなければなりません。そのマッチングアプリの図式に慣れていない**モテ自慢の女性や恋愛偏差値の高い女性ほど、たくさん近づいてくるダメ男に引っかかり、こじらせ率が上がるという逆転現象も起こっています。**

そのほかにも、上昇志向が高いがゆえのこじらせ、自己肯定感が低いがゆえのこじらせなど、さまざまなパターンを実際のエピソードとともに紹介していきます。

「このパターン、私に近いかも!?」とピンときたら、ぜひ自己分析してみてください。こじらせは癖になりますので、放置してはいけません。

恋の負けパターンを知ることが、何よりも〝こじらせ予防〟につながるのです。

パターン1
モテてきた女性ほど、うまくいかない

まずは**「モテる女性」の定義は、2つのパターンがあります。ひとつはリアルなシーンでモテてきた王道タイプ。**これは学校でも会社でも飲み会でも、男性たちにちやほやされる女性たちのこと。
そして**もう1パターンが、普段はそこまでモテない女性が、マッチングアプリで〝いいね〟をたくさんもらって「自分はモテている」と勘違いしちゃったタイプ**です。これはど

のマッチングアプリを選ぶかによって違いはありますが、当然20代前半の若い女性たちは、どのアプリを選んでも〝いいね〟をたくさんもらえてモテ気分を味わうことができます。

意外かもしれませんが、年齢が上がったアラフォー女性たちも同じ。ガチな婚活アプリでは敬遠されますが、遊び目的のアプリではモテたりします。いわゆる若い男性が、経験豊富なお姉さんに甘えたい願望で近寄ってくるからです。

では話を戻して、これらの「モテる女性」たちは、なぜこじらせてしまうのでしょうか。まず「リアルでもモテてきた女性」は、アプリでも当然モテます。それを本人も「モテて当然」と思います。なので、たくさんの〝いいね〟を送ってくれた男性の中から、イケメンやハイスペックなプロフィールの男性（嘘をついている場合も含めて）とマッチングして、実際に会うことになります。

これは正直に言います。**アプリでこれ見よがしなハイスペック男子は、ヤリモクが多い**です。遊びが目的なので短期勝負をかけてくるため、初めて会ってすぐに「こんなに素敵な女性と巡り合えるなんて！　これも運命だね。僕と付き合ってください」と、甘い言葉でささやいてきます。

ここがマッチングアプリのマジックなのですが、リアルな場面でナンパされたなら会ってすぐ「付き合おう」と言われても取り合わないのに、**アプリだと「普段は出会うきっかけがないのに、運命的に出会えた」という都合のよい魔法にかかってしまう**のです。さらに、**「私は男にモテてきたのだから、相手が自分に本気になるのは当然よ」という自信から、相手の嘘を見抜こうともしません。**

ここからは、ある「モテ女子」の実体験を紹介します。彼女はあるお嬢様大学の学生で、有名サークルの部長を務めています。子どもの頃から美少女で、モデルをしていた時期もありました。美人だけど愛嬌《あいきょう》のある性格もあって、ずっとモテ人生を歩んでいました。

その彼女が長年付き合ってきた彼氏と別れ、興味本位でマッチングアプリを使ってみたことが、こじらせ人生の幕開けとなったのです。

「20代の人たちがメインのマッチングアプリに登録したら、ものすごい人数の男性から『いいね』をもらいました。そこから自分好みのイケメンとマッチングすると、さらに『かわいい』『こんなきれいな人、初めて!』『僕の理想の女性』と、熱烈アプローチを大勢の男性からされ、その中の医者やIT系社長、モデルという、3人のイケメン男性と同時進行していました。でも、3人ともデート初日から『僕たち、付き合っているからいいでしょう?』とホテルに誘ってきてカラダの関係になったあと、なぜか連絡が途切れてしまったのです。自分では『この私が男に遊ばれるはずはない』と思い、自分から電話したり、LINEを送ったりするのですが、やがてブロックされてジ・エンド。気を取り直して、たくさんの候補者から新たにハイスペック男子を選んでデートするのですが、猛烈に口説かれるのは初回だけ。ホテルに行ってしまうとそれっきりということが続いて、さすがに『自分はただ遊ばれていただけなんだ』と気づいて激しく落ち込みました。かなりのトラウマで、すっかりメンヘラ女子の仲間入りです」

モテるがゆえに、悪い男も寄ってくる。普通なら騙《だま》されないような甘い言葉にも、ちやほやされてきた女性ほど「彼は私にぞっこんになっている」と思い込み、すべてが悪循環になってしまうのです。

また、マッチングアプリでは、普段モテない女性にも似たような現象が起こります。年齢が若かったり、顔写真を上手に加工してかわいくしていれば、たくさんの男性から〝いいね〟をもらい、モテ気分を味わうことができます。こうして**「私も、ついにモテ期到来だわ」と勘違いしてしまう**のです。

特に承認欲求が強いタイプは要注意。マッチングアプリでの嘘のちやほやが承認欲求に結びついてしまうと、**「本気の出会い〈ちやほやされる喜び」になり男性からの称賛を得**

るために、いろいろな男性と出会いを重ねてしまう恋愛浮浪者になってしまいます。

夏の海や冬のスキー場では、ナンパ目的の男たちが誘ってくるので、どんな女性でもモテてしまうのと同じ現象です。

そこで、いつもなら敬遠するような遊び人風やモデル風の男性の誘いに乗ってしまい、見事に遊ばれてしまうパターンです。

遊び慣れた男性は、カラダの関係にいくまでの女性の扱いがとてもスマートです。しかも、女性を悦ばすベッドでのテクニックや雰囲気づくりも上手なのです。

そこにおぼれてしまい、捨てられたあとはすっかりメンヘラ女子に変身して、ストーカー気質になってしまうケースも……。

周囲が「そんな悪い男のことなんて忘れちゃいな」と言えば言うほど、「彼はやさしかった」「そんなにひどい男じゃない」「私のことを本気で好きだった」と、自らこじらせ沼にはまっていきます。

リアルだろうがアプリだろうが、「モテている」ことに舞い上がらないこと。そして近づく男たちの素性をしっかり見抜くことです。

モテ気分は確かに楽しいですが、**主導権は自分でしっかり握っておきましょう。**選ぶ権利はほとんどの場合、女性側にあります。

メンヘラ女子撲滅《ぼくめつ》運動をしたい僕としては、悪い連鎖は断ち切ってほしいのです。

パターン2 恋愛経験豊富なハイスペック女子ほど、こじらせる

モテる女子ほどこじらせる、というお話をしましたが、恋愛経験値の高い、世間でいうところの「ハイスペック女子」もこじらせ傾向にあります。

わかりやすく説明すると例えば、女子アナ、国際線のキャビンアテンダント、モデル（モデル業だけで生活できるくらいの）、女医、一流企業のOL、または自分で会社を起こすバリキャリ系美人が当てはまります。

男性たちからは「高嶺の花」ともてはやされ、同性からも憧《あこが》れの存在。こういった意識高い系女子は、生活のランクも男のランクも高くないと許されません。

過去に付き合ってきた男性たちのラインナップも、医者、弁護士、高級レストランのシェフ、若い経営者、プロスポーツ選手など、錚々《そうそう》たる顔ぶれ。

キャリアと美貌《びぼう》を磨き、女子のヒエラルキーの頂点を極めた彼女たちは、**人生と男性の経験値が上がれば上がるほど、実はこじらせていきます。**

まずは、ハイスペック女子の声を聞いてみましょう。

「外資系の金融会社で働く33歳です。東京の港区のタワマンに住んでいます。不動産投資でワンルームマンションも所有。資金面での老後の心配はありません。でも去年くらいから猛烈に、結婚して子どもがほしくなりました。20代の頃はそれなりにモテていて、医者や弁護士と付き合ったことも。でも、去年まで上司と不倫をしていて、報われない関係に嫌気がさし別れました。お見合いもしましたが、紹介される相手は経営者クラスでも、バツイチ・子どもありなどの訳ありケースが増えました。学生時代の友人や同期がハイスペックな男性と次々に結婚し、焦りもあります。自分に相応しい素敵な男性と結婚したいという理想は下げられません。これって贅沢《ぜいたく》を言ってますか？」

僕は、こういう女性たちの声をたくさん聞いてきました。バリキャリ系美人だからこそ、理想の王子様を求めてしまう。自分がこじらせていることに気づかないのも、重症化してしまう原因です。

年収はいくら以上とか、身長は高いほうがいいとか、高学歴じゃないと嫌だとか、そのような条件をクリアする男性は、正直、マッチングアプリにはなかなかいません。お見合い市場でも、好条件の男性は皆、結婚しています。

そうなると、**見た目もイケメンでハイスペックなプロフィールの男性は、既婚者の遊び人が多いのも事実。**

プライドが邪魔《じゃま》をして男性の条件を落とせないハイスペック女子は、**マッチングアプリで騙される可能性も高く、なおさらこじらせてしまう**のです。

それらのこじらせ心理には、女性同士のマウント合戦も原因になっています。うちの婚活サロンの女性会員さんの声を聞いてください。

「タワマンに住んでいた人が急に１Ｋの木造アパートには住めないし、外車に乗っていた人は軽自動車には乗れないし、麻布や青山のお洒落なレストランでシャンパン飲んでいた人はチェーン系居酒屋には行けないのです。一度上げてしまった理想は落とせません。それに、周囲の女性たちから『外科医と結婚してすごいね！』とか『御曹司《おんぞうし》とゴールインしていいなぁ』と、うらやましがられるために頑張ってるみたいなところがあるのですから」

高く上げ過ぎた理想とプライドを、今の自分に見合ったレベルに見直す作業がまずは必要といえます。

パターン3　年齢を重ねて結婚に焦ると、うまくいかなくなる

年齢が上がってくると、相手への理想は高くなくても別の悩みが出てきます。ハイスペックな女性と悩みは似てくるのですが、**ターゲットがどんどん少なくなる**ということ。自分と年齢が釣り合う相手は既婚者が多くなるからです。

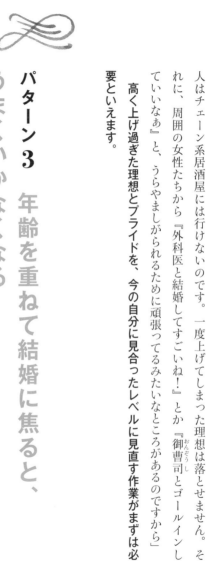

ある女性の声を紹介します。

「マッチングアプリの中でも、真面目に結婚相手を探すアプリにエントリーしたのですが、ビックリするほどマッチングしないので焦りました。やはり40歳を過ぎると難しいのでしょうか。同い年の友人は、年上といっても10歳も年上でしかもバツイチの男性と結婚しました。私はまだ、そこまで範囲を広げる踏ん切りがつかなくて……」

年齢を重ねてくると、「このままでは結婚できないのでは!?」と、焦りを感じる女性が増えていきます。するとある段階で、大きく舵《かじ》を切るケースが出てきます。それは**「年下男性」を結婚相手に選ぶようになる**こと。

僕の婚活サロンで結婚した女医さんの相手も、イケメンの年下男性でした。

「私が8歳年下の旦那《だんな》と結婚したのは、私が40歳のとき。自分の年齢を考えると、年上や同い年だとなかなか見つからないし、一癖も二癖もある男性ばかりにもなりそうだったから、積極的に年下男性とお見合いしました。意外と若い男性でも、経済的に自立していて尽くしてもくれる年上女性と結婚したいケース、増えているようですよ。アラフォー女性の友だちには『若い旦那さん、うらやましい』と言われるし、年齢差があるのでお互いに張り合わずに済む。年下男性を選んで本当に正解でした」

年齢が上がると結婚相手が少なくなるのは現実です。そこで焦ってますますこじらせるのか、ターゲットを年下男性に変えていくのかは、運命の分かれ道なのかもしれません。

中には、**ここまで結婚しないで年齢を重ねてしまったからと、周囲がうらやむような男性をゲットして一発逆転を狙う女性もいますが、これこそ相当こじらせている状態。**気持ちはわかりますが、結局は誰とも結ばれない可能性大になってしまいますよ！

パターン4 ストイック過ぎると、縁遠くなる

仕事に趣味に美容にと、自分磨きを頑張っている女性は素敵だと思います。でも**ストイックな女性ほど、恋愛とは縁遠くなる傾向があるのです。**

「学生時代、すごく太っていました。そんな自分が嫌でさまざまなダイエットをして、20キロ近くやせるのに成功。今ではきっちりカロリー計算をして、糖質オフの食事を心がけています。スポーツジムには週4回通って、体脂肪率10%台をキープ。腹筋も割れてきて、毎日、自分の全身を鏡で見るのが喜びになっています。仕事以外はルーティンが決まっているので、なかなか男性とデートする時間もチャンスもありません。気づけば私も35歳。彼氏いない歴が2年になってしまいました。実家の母からの『早く結婚しなさい』の催促《さいそく》に、少し焦りも感じています」

これは、あるOLのエピソードです。きっとこの女性は、同性からは憧れの存在だと思います。自分を律した生活を続けるのは、ある意味素晴らしいことでもあるのですが、**あまりにストイックな女性に対して、男性は近寄りがたくなってしまうことが多い**、ということだけは覚えておいてください。

これは僕の知り合いの経営者の男性の話です。

「先日、あるセミナーで知り合った女性とデートしました。自分の考えをしっかりもち、資格試験を受けるために勉強している彼女に好感をもちました。デートで行きつけのフレンチレストランに行ったのですが、彼女はメニューを見るなり『私はカロリーが高いメニューは食べません。サラダとスープだけにしますね』って。ビックリしました。夜8時以降は何も食べず、寝る前は5キロのランニングをするそう。食事も会話も楽しめず、そそくさと帰っていった彼女の後ろ姿を見送りながら、『絶対に付き合えない』と思いました」

これ以外にも、ストイックな女性がやってしまいがちなことに、**相手にもストイックな生活習慣や考え方を押し付けることがあります。**「こんな体に悪い物を食べるなんて、考えられない」「だらしない生活習慣を改めないと出世しないわよ」「お金の管理はきちんとしているの?」といったことを言い続けるのです。

自分のストイックさを追求し過ぎると、多くの男性は逃げていってしまいます。せめて男性と一緒にいるときくらいは、もっと**柔軟に対応することも考えてください。「相手が自分と一緒にいて楽しいか？　幸せか?」を時折自問自答すれば、次第にいいほうに向かうはず**です。

パターン5 女友だちに恋の相談をすると、うまくいかない

「恋の相談は、やっぱり仲のいい女友だちにします！」と、答える女性は多いと思います。アンケート結果からも、**女性は圧倒的に恋愛の悩みについて同性の友人に相談する、というデータがあります。**エキサイト婚活「婚活アンケート－女性編」によれば、恋愛の悩みの相談相手として、女性は「同性の友人・同僚」が55・8％と過半数を占めて「誰にも相談したりしない」のが24％にとどまったのに対し、男性は「同性の友人・同僚」が29％と3割にも満たず「誰にも相談したりしない」のが51・6％と過半数。男女で真逆の傾向が見られました。

このアンケート結果を踏まえて女性たちに聞いてみたところ、こんな声が聞けました。

「歴代の彼氏のことはすべて親友に話してきました。付き合おうか、別れようかの悩みは、自分一人で悩むより女友だちの意見を聞いて参考にしています」

「学生時代の女友だちは、私の恋愛の悪い癖をよく知ってくれています。私は男に尽くし過ぎちゃうので、そんなときは『少し突き放すくらいでちょうどいいのよ』とアドバイスしてくれます。男選びに自信がないので、付き合うか迷ったら、まずは女友だちに会わせてから決めています」

一方で、**ほとんどの男性は恋愛相談を友人どころか、誰にも相談しないことが多い**のが先のアンケート結果からわかります。身近な男性たちにも話を聞いてみました。

「恋愛相談ですか？　いや、しませんよ。中学生じゃないんですから。『なに、女に振り回されてるんだよ』って一喝《いっかつ》されて終わりです。男友だちには弱みを見せたくないですね」

恋愛相談に関して男女の違いがわかったところで、**なぜ女性たちは恋愛相談を同性の友人にするの**でしょうか？

それはずばり、**「隠れマウント行為」があるから**です。女性たちの恋愛相談の多くは、**本気でアドバイスなど求めていません。ただ女友だちに「共感」と「モテ自慢」をしたいだけ**なのです。

「彼が最近、冷たくなった」「既婚の上司から誘われた」「マッチングアプリで医者と出会ってデートに誘われた。信じていいかな?」「年下くんから猛烈アプローチされてる」「彼以外の男と浮気しちゃった。どうしよう」

どれも「ちょっと、悩み聞いて!」という導入で話されますが、話を聞いていくうちに、彼女たちが本気で悩んでいなかったり、ただモテ自慢されていることに女友だちは気づきます。

そうなると、その女友だちは、どう振る舞うと思いますか? 本人は表面上は意識していなくても、心の深~いところでは「うまくいかなくなればいいのよぉ」という、**引きずり下ろしの心理が働く**のです。

「結さん、言い過ぎです! 親友は私の幸せを願ってくれています」という声も聞こえてきそうですね。はい、でも聞いてください。

「合コン幹事のルール」というのがあります。女性の幹事は、自分よりも美人の女性をメンバーに召集しないという〝あるある〟です。

男性が、「あなたにピッタリなかわいい子がいるから紹介するね」と女性から言われて、本当にかわいい子が来る確率は低い、というのもよくある話。

別の話では、こんなこともあります。既婚女性が、未婚の女友だちに誰か男性を紹介する際、自分の旦那より上のランクの男は紹介しないというもの。ある女性が本音を語ってくれました。

「旦那よりランクが上の男性を女友だちに紹介なんてしないと思います。例えば、東大卒とか医者とか。だって、紹介して結婚しちゃったら、**女友だちのほうが自分よりヒエラルキーが上になっちゃう**もん」

これが本音です。なので僕は、婚活サロンに入会した女性に必ず伝えることがあります。

「決まったお相手ができるまで、しばらく女友だちとの付き合いは控えてください。女友だちに相談した時点で、妬《ねた》みもあって『そんな男性あなたに合わない、やめておけば』とアドバイスされて、足を引っ張られるのがオチです」

もし同性に相談するのなら、既婚者の年上女性にしましょう。自分と同じ境遇、年齢が近い、あるいは未婚の女友だちは、本人がどこまで自覚しているのかは程度の差はあっても、妬みからあなたの恋路を邪魔する存在になりかねません。

「やっぱり女同士、気を使わなくていいわね！」と言ってくる女友だちとつるんでいる間は、永遠に恋愛から縁遠くなってしまいます。

パターン6 自己肯定感が低いと、ダメ男ばかり寄ってきてこじらせる

「あげまん」「さげまん」という言葉があります。パートナーとなる男性の運を上げる女性が「あげまん」、運を下げる女性が「さげまん」と呼ばれています。

「あげまん」「さげまん」の正体を深掘りすると、女性たちの「自己肯定感の高低」と関連するのではないか、と僕自身は思っています。

例えば、自己肯定感が高い高子さん、自己肯定感が低い低子さんという二人の女性がいたとします。彼女たちが同じ境遇になったとしても、自己肯定感の高低で受け止め方や対処の仕方、周囲に与える影響は違ってきます。

● **仕事でミスして上司から怒られたとき**

高子「二度と同じミスはしないようにしよう。ここでしっかり叱《しか》ってもらって、むしろよかった！」

低子「あー、またミスしちゃった。ダメだわ、私……。向いてないのかな、この仕事」

●道で転んでお気に入りの服が汚れてしまったとき

高子「こんなに派手に転んだの、小学生ぶり（笑）。お気に入りのワンピも泥だらけだけど、これで厄落とししたわけだし、これからいいことしかないな、私！」
低子「いたーい（泣）。誰か、私のこと突き飛ばした？　なんでこんなに嫌なことばかり続くの??　私なんて生まれつきついてない女なんだわ」

●失恋したとき

高子「うまくいかなかったということは、縁がなかったってこと。たくさん泣いたら新しい恋を見つけよう。誰か私に素敵な人、紹介して！」
低子「男運ないなぁ。また振られちゃった。どうせ私は魅力がない女ですよ。男なんて信じない！」

このやり取りからもわかるように、自己肯定感が高いと、マイナスなことが起こってもポジティブ変換できるのです。これは**一緒にいる人たちにも連鎖反応を起こします。**

特に出世意欲が高い男性ほど、自分によい影響を与える女性を選びます。自己肯定感が高いから、自分磨きを怠らない女性は、「栄養士の資格をもっている」「マッサージが得意」「マナーセミナーに通っている」「字がきれい」「英語、中国語、フランス語は話せる」など、わかりやすいアピールポイントをもっています。

反対に自己肯定感が低いと、自分にマイナスなことが起こるとどんどんこじらせていきます。あえてネガティブなほうに転がっていってしまうのです。

「でも」「どうせ」「無理」「最悪」、こういったネガティブワードが口癖になっているようなら、かなりのこじらせ菌に侵《おか》されている可能性が。

ダメ男はこじらせ女子に寄ってきます。意識して、少しずつでも自分の気持ちが上がる言葉をチョイスしたり、自分が好きなことや得意なことをする時間を設けたりして、自己肯定感を上げていくようにしてください。

パターン7　婚活しているフリをすると、恋愛疲れを引き起こしやすい

最近、増えているのは「婚活しているフリをしている人」のこじらせです。僕のところに相談に来た人のパターンで多いのは、大きく分けて3パターンあります。

❶ 親に心配をかけたくない

親から「早く結婚しなさい」と言われて、本人がまだ気乗りはしていないケースに多いです。今すぐ結婚したいわけではないけれど、親を心配させたくない、または「結婚しろ」とうるさいから「今、婚活しているから大丈夫」と言って、形だけマッチングアプリに登録しているケースです。

❷ 訳ありの恋愛をしている

不倫や社内恋愛がご法度の職場で働いている人などは、なかなか公《おおやけ》に「付き合っている

人がいます」とは言いにくいもの。なので、表向きは「恋人募集中」とか「婚活中」と言っているケースです。

僕の婚活サロンにも親に連れられて入会したものの、本人によくよく話を聞くと、「親には内緒ですけど、不倫しています」というパターンが珍しくありません。

③年下女子から心配＆マウントされたくない

同じ職場の後輩女子から、「●●先輩、彼氏とかいないのかな？　でも、そんなこと聞けないよね」と、あれこれ気を使われるのが面倒という場合。

「婚活中で、今、3人の候補がいるの」と言っておけば、余計な詮索《せんさく》もされず、後輩からマウントされずに済むというケースです。

いずれにせよ、いろいろな事情で「婚活中」と嘘をついているわけですから、中にはおせっかいな友人から好みでもない男性を紹介されることも。

あるいは、なまじっか「婚活している」と親に言ってしまったばかりに、「今度、紹介しなさい」と何度もしつこく言われて、仕方なく「レンタル彼氏」を親に紹介する羽目になったという笑えないケースもあります。

レンタル彼氏を用意するまではしないにしても、こんな話はよく聞きます。

「2年前、知人から紹介してもらった男性と3か月だけ付き合いました。でも、デートとかメールのやり取りとかが面倒で、恋愛疲れしちゃったんです。正直、今は仕事が楽しくて、婚活する気持ちになれません。でも今年35歳になるので、親が『結婚しろ』とうるさいのは事実。なので今は周囲に『ゆるく婚活中なので、ほっといてください』と伝えています」


恋のバッターボックスで打つ気満々ならいいけれど、打つ気もないのに来る球を見逃し続けるのはつらいもの。そんな女性たちに、僕はこう伝えています。

「**婚活がつらくなったら、少しお休みしましょう。**婚活しているフリはつらいし、いい出会いもありません。一度休んでまた復活すれば、気持ちも変わって新鮮な気持ちで恋愛に向き合えるかもしれません」

パターン8 愛情過多でダメ男を何とかしたいと頑張ると、失敗する

「私の友人のK実は、仕事もバリバリできて男前な性格。面倒見のいい姉御タイプなので、人脈も豊富。はっきり言って同性受けは最高です。でも、恋愛下手でこじらせてます。なぜって、甘え上手なダメンズばかりをホイホイ引き寄せては、かいがいしく面倒見ちゃう。これまでもお金を騙し取られたり、仕事先を紹介したり、家賃の保証人になったり、ただの面倒見のいいお母さん役に。結局は男に去られて大泣きする彼女を慰《なぐさ》めるのがいつものパターンです」

このような女性は、**とっても性格はいいのですが、愛情過多が裏目に出てこじらせているパターンです。**男はあまりに「ご飯食べた？」「ちゃんと寝てるの？」「部屋の片づけしてる？」と、あれこれ心配して面倒を見てしまう女性のことを、**「恋人」ではなく「お母さん」のようにしか見れなくなってしまいます。**

中には、面倒見のいい女性が好きな男性もいますが、ほとんどの場合は恋愛対象にはならず、最終的には「友だちどまり」「都合のいい女」になってしまって、恋愛が成就しないケースが多いようです。

愛情深いということは、感情豊かで思いやりがあり、コミュニケーション能力も高いということ。

そこで、**こじらせる前に男性に、「この女性を手放したら後悔する」と思わせる**ことです。

そのためには、**女性として守ってあげたくなるような弱さを見せる**のも、ときには大事。または、**「結婚したら有能な奥さんとしてサポートしてくれそう」など、男性が求める理想像に合わせていく**ことも大切です。

いくら愛情深くて素敵なお母さんでも、息子はいつか母親からは巣立っていくもの。ならば、いち早く彼の「お母さん役」は卒業することです。

恋愛は相手とのギブ＆テイクの関係性があることが理想です。自分だけ一方的に相手に尽くしたり与えるばかりではなく、相手にも「彼女に何かしてあげたい」と思わせること。こじらせたくなければ、そこは肝に銘じましょう。

パターン9 自分のこだわりが強く、完璧主義の人はこじらせる

自分の考え方や個性を貫き過ぎる人は、こじらせやすくなります。例えば、「私は流行を追うのは苦手です。洋服は黒しか着ません。菜食主義者で、ミニマリストです」という女性がいたら、正直**近寄りがたい**ですよね。

このように**マイルールにこだわる人は、相手に合わせることもしません。**仮に誰かと出会って電撃的に恋に落ちても、相手が自分に合わせ続けてくれない限り、関係性を保つのは難しいでしょう。

また、似たようなパターンで**完璧主義の人も恋愛ではこじらせます。**

その理由は、相手にも完璧を求めてしまうこと。男性の経歴にはハイスペックを求め、付き合ったら毎回のデートでこんな演出をしてほしい、結婚までのプロセスはこうあるべきなど、相手に完璧さを求めて自分の理想にこだわるタイプは、結局うまくいきません。

完璧を求める人は、自分の理想通りの人生のシナリオを描いて、その通りに進めようとします。でも、自分も相手も生身の人間です。10人いたら10通りの恋愛があるのです。こだわりが強い完璧主義の女性は、すぐに「思っていた男性と違う。騙された」と、被害者意識を持ってしまってこじらせていきますが、**想定外なことを楽しむのが恋愛の醍醐《だいごみ》味。**「こんなはずじゃなかった。こんな顔を見せるのは初めて」と、自分に戸惑ってしまうことを認めることから始めてみてはどうでしょうか。

完璧ではない自分も相手も許す。この気持ちのゆとりが、素敵な恋を惹き寄せるのです。

第4章

マッチングアプリで“勝ち組”になるには？

マッチングアプリはどれも似たようなもの？そんなことはない

さあ、ここからが実践編です。まずは、マッチングアプリの攻略法からレクチャーしていきますね。

コロナ禍になってから、マッチングアプリの利用者は増え続けています。ある婚活データによると、2万5000人の男女の約8割の人が「マッチングアプリの利用経験あり」と答えています。今やマッチングアプリは恋愛では欠かせないツールであり、特に恋愛を始める際には重宝する存在といえましょう。

このように多くの男女が活用しているマッチングアプリですが、自分の特性や目的に合ったアプリを使わないと、出会いがないばかりか、全く希望しないような男性としか出会えない可能性も高くなります。

次から具体的に、勝ち抜くためのマッチングアプリ活用法についてお話ししましょう。

現在、世間には数多くのマッチングアプリがありますが、**それぞれターゲットにしている年齢層や目的が違います。**

周囲の男女に聞くと、2つくらいのマッチングアプリを並行して登録したり、交互に使ったりすることが多いようです。

ただし「知名度が高い」「登録者数が多い」からといって、自分に合っているとは限りません。

次ページの図3を見てください。登録者の年齢層と、「デート中心」「恋人探し」「婚活」など目的別にマッチングアプリを分別しています。

僕がいろいろ調査・分析したところでは、登録者数の多い『pairs』や『タップル』は婚活より恋人探しに向いていて、『Match』や『ゼクシィ縁結び』は結婚相手探しに向いていると思っています。

なぜかというと、前者のアプリは女性が無料なので暇つぶしで使う人も多いのですが、後者は女性も有料で男女ともに本気度が高くなるからです。

また、ターゲットでいうなら、20代の女性で恋人がほしい場合は『ユーブライド』や

図3　マッチングアプリの目的と年齢による分類

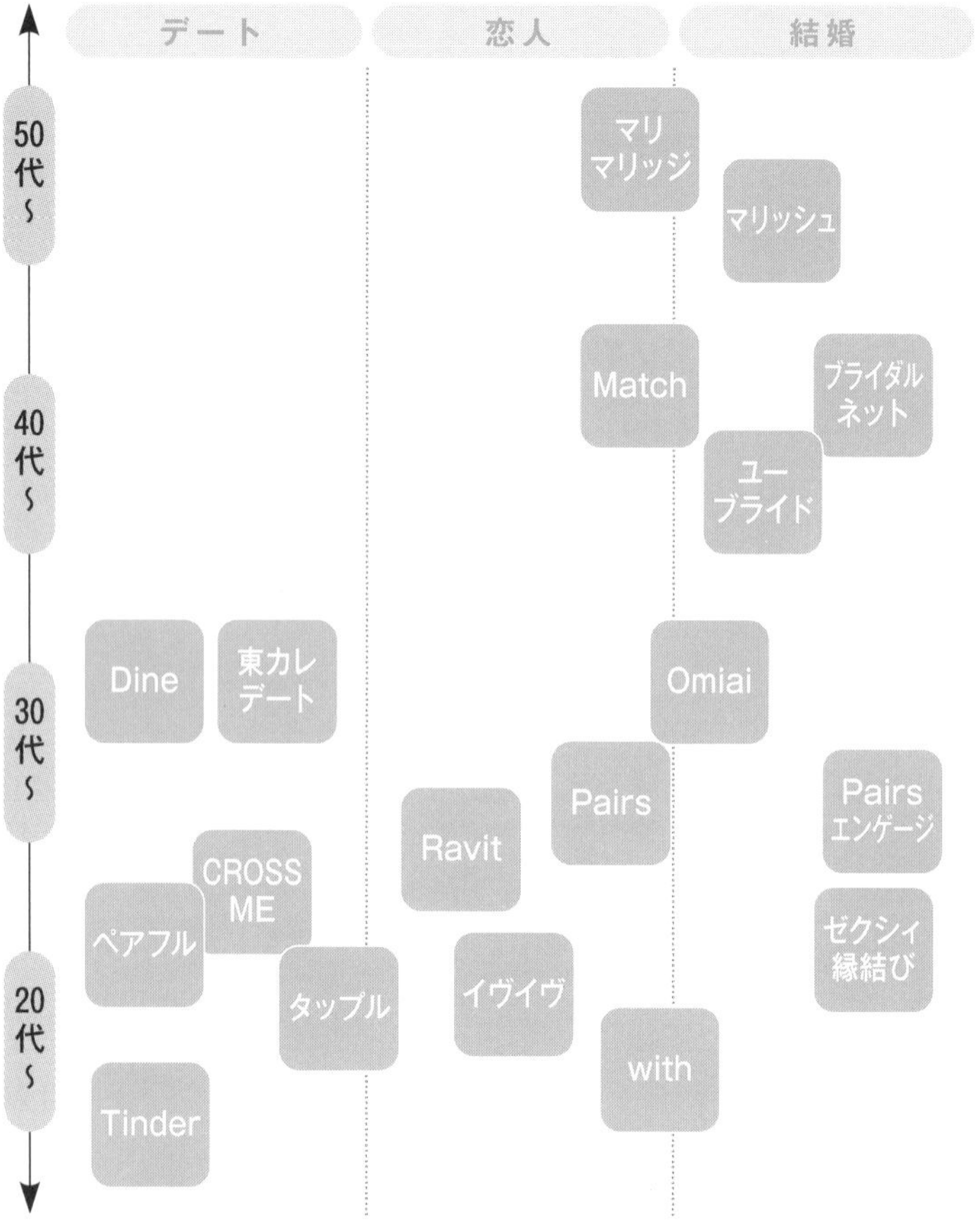

※出典：マッチングアプリ大学「両想いになりやすいマッチングアプリを知る」
https://jsbs2012.jp/matchingapp/review/mami0016.html

『マリッシュ』を選んでしまうと、男性の年齢が高過ぎたり、相手の男性は最初から結婚を前提に交際したいという希望が多く、うまくマッチングしないかもしれません。

その場合は『タップル』や『ＣＲＯＳＳ ＭＥ』を選んだほうが、同じくらいの年齢の男性とたくさん出会えるはずです。

また、ガチの婚活よりも、とにかくハイスペックな男性との出会い重視ならば『東カレデート』もオススメ。ここは容姿や収入といった基準の審査があり、ＩＴ系社長や医者などハイスペックなイケメンがたくさん登録しています。

「初めてマッチングアプリを使うなら、どのアプリを選べばいいですか？」

という質問も多いです。「このマッチングアプリなら安全」とは言い切れませんが、選ぶ基準としては、

○身分証明書の提出が必須
○運営側による24時間３６５日の監視がある→問題行動を起こした会員を排除できる
○警察に届け出ている

これらの条件をクリアしていて、なおかつ**会員数が多いアプリのほうが、母数が多い分理想の相手と出会う確率は高くなる**でしょう。

マッチングアプリで勝ち組であり続けられる「3か月ルール」とは？

マッチングアプリを利用していても、こんな声をよく聞きます。

「入会当初は〝いいね〟をたくさんもらったけれど、3か月経った今ではマッチングする相手が少なくなりました」

「2つのアプリに登録していますが、何だか男性が同じ顔ぶれのような気がします」

どちらの方も結局、最初の頃に2、3人と会えただけのようですが、このようなことを経て、マッチングアプリをやめてしまったケースは多いようです。

マッチングアプリを有効活用したい場合、僕は「3か月ルール」をオススメしています。

例えば、Aというマッチングアプリに登録して3か月後に退会し、今度はBというマッチングアプリに登録すると、当然ながら新規会員となります。実は新規会員はどのアプリもたいがい、多くの男性から見つけられやすくなるという恩恵を受けるのです。よって多くの男性から〝いいね〟をもらいやすくなります。そして3か月後には、Cというアプリに移行して3か月後にはDというアプリに移行。そして元のAのアプリに戻れば、Aを退会してからだと9か月も経っていますからAでも新規会員扱いとなる可能性が高いのです。

もちろん、ひとつのアプリでどんどん素敵な男性と巡り合えたり、早い段階で恋人として交際がスタートしたりする場合はいいのですが、なかなか理想の男性とマッチングしない場合は、思い切って3か月経ったら別のアプリに移る「新規モテ作戦」でいきましょう。

その際、**アプリ選びも重要**です。P104の図3にもあるように、『タップル』『イヴィヴ』『Ravit』など、会員の属性が近いアプリをぐるぐる回っても、顔ぶれがあまり変わらず効果が薄い。途中で『東カレデート』『Match』『ペアフル』を挟むことで、また違うタイプの男性と巡り合えたりします。

例えるなら、いつもは渋谷や原宿で遊んでいる人が、たまには銀座や青山に出かけてみるとお店の雰囲気が違うということ。そこに集まる人たちの顔ぶれも当然違ってくるので、出会うタイプも変わってきます。そんな感じでアプリを活用して素敵な出会いを惹き寄せてください。

プロフィール大作戦！
モテにつながるよい例、悪い例

マッチングアプリでの「3か月ルール」をお伝えしたところで、次に大事になってくるのがプロフィールの書き方です。

通常マッチングアプリは、相手のプロフィールと顔写真を見て、気に入ったら〝いいね〟を送り、相手も〝いいね〟を送り返してきたらマッチング成功。個別のやり取りができるようになります。

プロフィールの書き方次第ではダメンズがたくさん寄ってきたり、逆に〝いいね〟は少なくなっても真面目な素敵男子が寄ってきたりします。ここではわかりやすく、よいプロフィール、ダメなプロフィールを紹介していきましょう。

○恋活用 よいプロフィール例❶

こんにちは　世田谷区に住んでいるナナコです。

いつも仕事帰りに渋谷へ行きます。彼氏がほしくて登録しました。

趣味はジョギングです。お休みの日に一緒に皇居を走れたら楽しいだろうな！

私の性格はおっとりタイプなので、男性もやさしい人を希望しています。

服装は女性らしいワンピースが好きです。ヘアスタイルは長い巻髪で、よく髪の毛がきれいだとほめられます。あと最近、映画を観るのも好きです。

仕事帰りにまずは一緒にご飯でもいかがですか？　誘ってもらえたら嬉しいです。

〝いいね〟お待ちしていますね。よろしくお願いします。

○恋活用 よいプロフィール例❷

こんにちは　プロフィールを見てくださりありがとうございます。
会社も学生時代も周りは女性ばかりで、出会いがなく登録しました。

素敵な彼氏が見つかれば嬉しいです。

仕事は美容系の仕事をしています。男性の身だしなみには詳しいので、いろいろアドバイスしますよ！

趣味は温泉巡りです。最近はコロナ禍で行けないので、日帰り温泉でがまんしています。

あとはキャンプも好きです。一緒にキャンプに行けたら最高です。

まずは、メッセージのやり取りで仲よくなれれば嬉しいです。

○婚活用 よいプロフィール例

こんにちは　船橋市に住んでいるmikoです。

最近、友人の子どもを見てかわいくて、結婚したくなり登録しました。

私の仕事はウェディングプランナーです。毎日素敵なカップルの笑顔が見られて幸せです。お客様からも「笑顔が素敵」と言われることが多く、やりがいを感じています。

結婚したら共稼ぎでも、専業主婦でもどちらでもかまいません。

お休みは週に2回です。平日と休日(土日どちらか)になります。お休みは合わせられるので平日のランチとかでも可能です。あとお酒も好きなので、一緒に飲みに行けたら嬉しいです。

趣味は読書。本が好きで月に10冊は読んでいます。

そのほか食べることも大好きで、特に家系のラーメンが好きです。オススメのラーメン屋さんがあれば教えてください。一緒に行けたら嬉しいです。

将来は、一戸建てに住むのが夢です。初めは賃貸でもかまいません。一緒に夢を実現できれば嬉しいです。

理想のパートナーとしては、お互いに尊敬できる方や、真剣に結婚を考えている方を探しています。

将来はあたたかい家庭を作っていきたいと思います。まずはメールから、よろしくお願いいたします。


恋活、婚活、それぞれのよい例のプロフィールを見ていただいてわかるように、**よいパターンは以下の共通ポイントがあります。**

❶ 真面目な出会いを求めていることをアピールしている

❷プロフィールの内容から普段の生活や将来のビジョンが垣間見える
❸控えめな自己アピール
❹男性のタイプをあまり限定せず、男性に合わせる配慮がある
❺どんな付き合い方をしたいのか、具体的に書いている

男性側も真面目な交際を求めている場合、女性のプロフィールはしっかり読み込んで決めます。

よい例にあるように丁寧にプロフィールを書くと、遊び目的の男性は近寄りづらくなり、〝いいね〟の数は少なくなります。しかし、真面目に相手を探すなら量より質です。

ヤリモク男を最初の段階ではねのけるには、やはり最初にプロフィールをしっかり書き込むことが肝心なのです。

では逆に、どのようなプロフィールがNGなのでしょうか。具体例を紹介します。

◯NGプロフィール例❶

こんにちは　保育士をしています♡

彼と別れたばかりで、素敵な出会いがほしくて登録しました。
ヤリモクや遊び人、勧誘は遠慮します。あと嘘つく人も嫌いです。
いつも渋谷で遊んでます。映画鑑賞が好きです。お返事待ってます。

このように**プロフィールが雑で簡単過ぎると、軽い男が寄ってきます。**

また、**「ヤリモク、遊び人NG」と書けば、ダメ男を撃退できると思ったら大間違い。**「過去に私、騙された経験があります」と言っているようなもの! むしろ、ダメ男が近づいてきます。あえて書くのはやめましょう。

○ NGプロフィール例❷

こんにちわ　会社でジムしてます。
アプリの使い方がわからない困っています、
せんしゅう彼氏と別れました。さみしいからかれしがほしいです。
前に危ない目に会ったから夜中の待ちあわせはNGです
いいねは私からしません。あなたからのいいね待ってます。

誤字脱字が多かったり、「アプリの使い方がよくわからない」というメッセージは、頭が悪そうなイメージになるので、スペックの高い男性からスルーされます。

「彼氏と別れたばかりで寂しい」という内容のコメントも、付き合ったら面倒とイメージさせるネガティブ要素なのでNGです。

それ以外のNGは……

○「すぐに結婚したい」→　男性にプレッシャーを与えるだけ

○自己紹介が長い→「丁寧」と「くどい」は違います。だらだら長い自己紹介は逆効果

○「私はかわいくない」「モテない」「メンヘラ」→まともな男性は、ネガティブ発言をする女性と積極的に付き合いたいと思わない

○絵文字を多用→頭悪そう、軽そうだと思われる

○「自分から〝いいね〟しません」「たくさんメールが来てるので返事遅れます」→マウント女子は男性から敬遠される

○「私はモデル」「インフルエンサー」「好きなブランドは●●です」→付き合ったらお金がかかりそう、と男性は尻込み

○「忙しく仕事を頑張っている男性を癒してあげたいです」→男ウケを意識したコメント

は、本当にできない場合に実際とのギャップを生むのでNG

自分では「男ウケのいいモテるコメント」と思っていても、なぜ男ウケするのかをよく理解せず本当に正しいのか疑わないで使ってしまうと、いいことが全然ありません。

素敵な男性から〝いいね〟がなかなかもらえませんから。

それと、本当のあなた自身をアピールすることもできません。**嘘のプロフィールを書いてしまうと、いつまでも偽物の自分を演じ続けないといけないので疲れます。少しだけ盛るなら許容範囲ですが、**本当のあなたを知ってもらえる内容にしましょう。

プロフィール写真、やってはいけない5つのポイント

マッチングアプリで素敵な出会いを惹き寄せたかったら、**「男性を選ぶ」という感覚よりも「素敵な男性から選ばれるにはどうしたらよいか」という観点でいる女性のほうが、いち早く理想の恋を手に入れられます。**

それにはプロフィールの書き方以上に、写真の撮り方・載せ方にも気を配ることがポイントです。自分ではよかれと思っても、男性にとっては意外に響かない写真、ウケがよくない写真を知らずにアップしていたりします。

写真が重要な理由として、Ｐ１１７のアンケートデータ（図４）を見てください。アプリに登録する男性たちの６割は、女性の顔写真を一番重要視しています。正直、遊び目的の男性は「女性の顔写真しか見ません」と言い切る人もいるほど。

図4 マッチングアプリで男性が女性を選ぶ際に、プロフィールで最も重視するもの

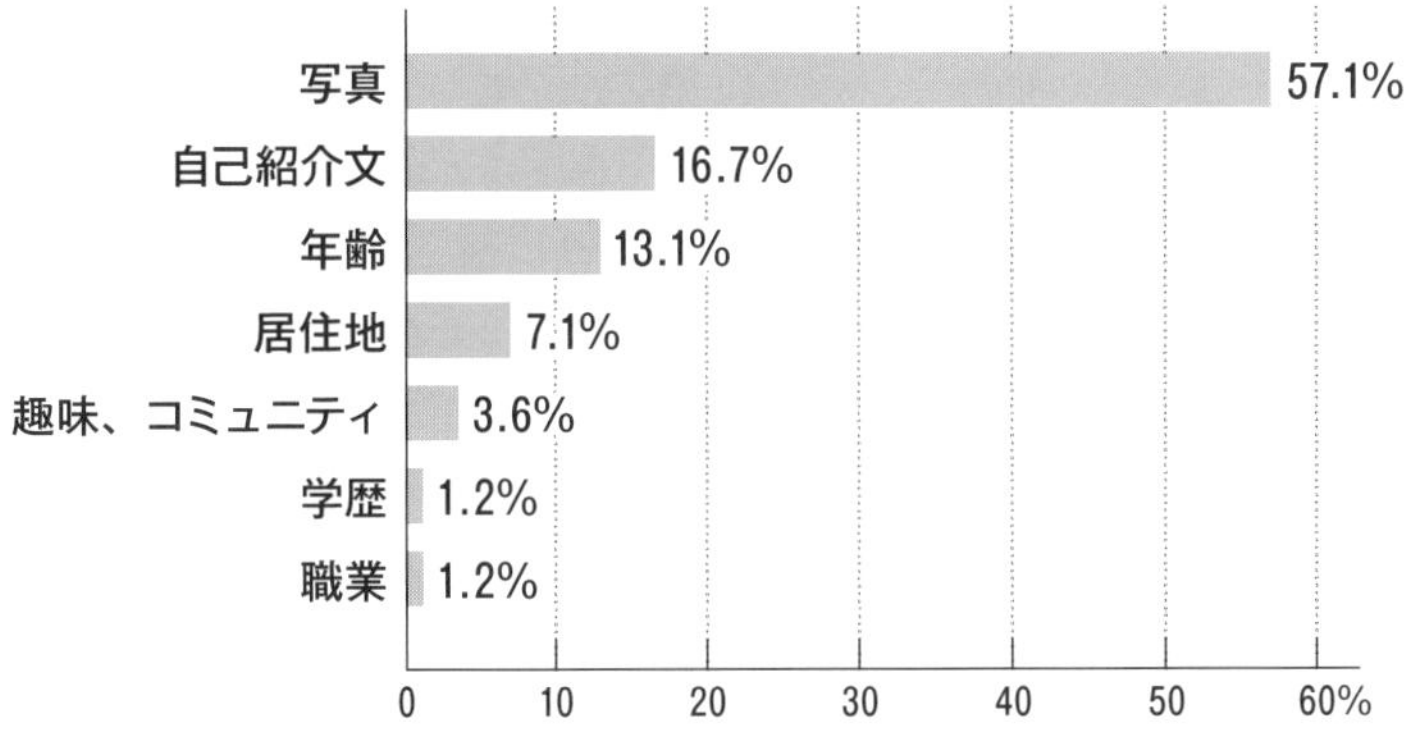

※出典：マッチングアプリ大学「マッチングアプリで男性が女性を選ぶ際、プロフィールのどこを一番重視しますか？」のアンケート結果
https://jsbs2012.jp/matchingapp/capture/profile_ph_f.html

それほどまでに重要な顔写真を、効果が出るようにアップしていないケースは案外多いもの。では実際に、「やってはいけないプロフィール写真」についてお伝えしていきましょう。

NG❶ 自撮りは友人のいないナルシスト扱い

自撮りだと同じ角度での顔のドアップが多くなり、「自分大好きナルシスト」または「撮ってくれる友だちがいないのかな?」と思われて不評です。

ぜひ友人に撮ってもらいましょう。親しい人に撮ってもらうと自然ないい笑顔になると思います。自然体の表情は、男女ともに好感度が高くなります。

✕ NG❷ ばっちりメイクにプロカメラマン撮影は敬遠される

プロフィールにきれいな写真を載せたい、という気持ちはわかります。昔のお見合い写真のように、きれいにヘアメイクをして、スタジオでプロのカメラマンに撮影してもらうと、もちろんきれいな写真に仕上がります。

でも実は、マッチングアプリには不向き。ばっちりメイクでかしこまったポーズでの写真は、隙《すき》がなさ過ぎて近寄りがたくなるからです。

普段はしないようなフルメイクも、男性には不評です。スッピンとはいかないまでも、やはりナチュラルメイクがいいようです。

✕ NG❸ 加工アプリで修正し過ぎは、実物とのギャップ大で✕

加工アプリで修正するのはマストになっていますが、加工のし過ぎはやはりNG。目を大きくしたり顔を小さくしたりするのは、実際に会ったときに実物とのギャップが大き過ぎるので、男性にとっては「騙された感」が強くなりマイナスです。出会いは増えるかもしれませんが、1回会って終わりとなる可能性が高くなります。

加工するなら肌の質感を修正するくらいに。盛り過ぎ加工は、逆効果と心得ましょう。

✕NG❹ 大勢での写真、飲み会の写真は低評価

マッチングアプリで、大勢の友だちとの飲み会の写真を載せる人がいます。楽し気な雰囲気、明るいキャラクターを伝えたいのかもしれません。でも、仲間との飲み会写真は身内には好評でも、マッチングアプリのプロフィール写真では「遊んでいそう」「酒癖が悪そう」などの憶測《おくそく》が飛び交い低評価です。

仲間内との集まりの写真が悪いわけではありません。どうしても載せたいのなら、カフェでお茶をしている自分だけ入っている写真をチョイスしましょう。

✕NG❺ 写真が1、2枚ではスルーされる

1、2枚の写真ではインパクトに欠けます。本気度も見えません。最低、6、7枚は写真を用意するようにしましょう。

✕NG❻ ブランドもの、化粧品などの写真は警戒される

高級なブランドバッグやメイク道具の写真を載せる女性がいます。自分のインスタグラムならいいのですが、男性は「ブランド好き=お金がかかる女性」というイメージをもち

ます。

また、メイク道具は男性にはよくわからないので、女性が思う以上に何もアピールポイントになっていないことになります。

✕NG⑦ 帽子、サングラス姿ではライバルに負ける

顔にコンプレックスがあると、つい帽子をかぶったり、サングラスをかけたくなります。7枚以上写真がある中の1枚ならいいですが、サングラスや帽子姿、顔自体が写っていない写真が多いと、ほとんどスルーされます。女性というかあなた自身もそうでしょうが、男性だって見た目がよくわからない人には興味を示さないものです。

✕NG⑧ 水着姿は〝いいね〟の嵐でも、ヤリモクがウヨウヨ！

とにかく男性にモテたい、〝いいね〟がたくさんほしいなら、水着姿が一番。でも、その分、ヤリモクもハイエナのようにあなたに近づいてきます。どうせ載せるのなら、自然の風景と一緒に遠目に写るくらいなら、お洒落な感じで好感度も上がるでしょう。

✕NG⑨ 小さい子どもとの写真は誤解されがち

「子ども好きをアピールしたい」と、友人の子どもとの写真を載せるパターンはオススメしません。男性たちは、より多くの女性をチェックしたいため、速読並みのスピードで顔写真を見ていきます。そこで「お、好み！」と思った写真の女性のプロフィールをじっくりチェックしていくのが男性です。

ということは、子どもとのツーショット写真は「子持ち」と勘違いされる可能性も。パッと見でわかりにくい作戦は、男性には伝わらないことも多いと思ったほうが賢明です。

写真の載せ方と順番の「黄金ルール」を守ろう

写真は5枚から8枚というように多めに載せたほうがよい、というお話をしましたが、写真を載せる順番にも「黄金ルール」があります。

1枚目　ほとんど加工していない自然体の笑顔の写真

最初は、自然体の笑顔写真を載せます。すました表情より、親しみのあるかわいい感じの写真のほうが男性ウケがいいでしょう。

加工アプリは使ってもいいですが、実物とギャップが出るほどの修正はＮＧ。

2枚目　仕事をしている写真

仕事風景の写真はプレゼンしているときや、看護師さんなら制服姿など。正面写真より動きのある写真のほうがオススメです。

3枚目　趣味の写真

趣味の写真は、フラワーアレンジメントでもキャンプでもテニスでも、自分が実際に趣味を楽しんでいる様子がわかる写真をチョイス。ここでしっかりアピールできると、共通の趣味の男性から〝いいね〟をもらいやすくなります。

4枚目　料理している姿の写真

料理の写真を載せる女性は多いのですが、料理のみはベタ過ぎてアピール不足。特に手の込んだフランス料理などを載せると、「私ってすごいでしょ」とマウントをとっているように男性側が感じるのであまりオススメしません。デートの食事でお金がかかりそうな印象も与えてしまいます。

それよりも料理を作っている後ろ姿や横顔、テーブルセッティングをしている姿のほうが、男性は「料理上手で家庭的な女性」だと思ってくれます。

5枚目　全身写真

その次に全身の雰囲気がわかる写真を載せます。いわゆる映えスポットで撮った写真や、旅行先で撮った写真でもいいでしょう。

6枚目　ペットの写真

ペットを飼っていたら、6枚目には犬や猫、ハムスターなどと一緒に写った写真を載せます。大好きなペットとの写真は、とにかく表情もよくなります。別に自分は写っていなくてもよく、ペットと暮らす日常が垣間見えるのでアピールポイントに。

相手の男性もペットを飼っていたら、実際にやり取りするときの共通のネタにもなります。もちろん、ペットを飼っていなかったら無理に載せなくても大丈夫です。

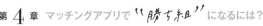

7枚目　しっかり加工したきれいな写真

最後にアプリで加工したきれいな写真を載せます。ここまでいろいろな写真を見てきて、最後に加工したきれいな写真があると、最終的なイメージが「きれいで素敵！」として男性側にインプットされます。

1枚目にはほぼ加工なしの写真を載せていることもミソ。仮に1枚目の写真と7枚目の写真を逆にしてしまうと、7枚目という最後で印象が悪くなったり、1枚目が加工しているこことがバレてしまいます。

6枚目まででで十分に好印象を与えていますから、7枚目で多少の加工があっても、疑いの目で見るようなことを男性はなかなかしてきません。

これがダメ男の正体……。こんな輩の見破り方も教えます

マッチングアプリの基本がわかったところで、次に大事なのが「ダメ男の選別と排除」。「ダメ男なんて、すぐ見分けられます！」と自信満々な人ほど、目の前に好みのタイプが現れると簡単に騙されています。

では具体的に、マッチングアプリに潜伏している「ダメ男」の見分け方についてお教えしましょう。

既婚者

遭遇率 ★★★☆☆　見分け難易度 ★★☆☆☆

マッチングアプリにもよりますが、身元確認がゆるいと既婚者が紛《まぎ》れ込んでいる確率はかなり高くなります。既婚者はもちろん「遊び目的」です。お互い割り切った関係ならお任せしますが、本気モードで相手を探しているならかかわるだけ時間の無駄。とっとと弾き飛ばしましょう。

見分けポイント❶ 柔軟剤、食器洗い洗剤のメーカー名を聞く！

既婚者の場合、柔軟剤などは奥さんが買うのでメーカー名は答えられないことがほとんど。逆に一人暮らしの男性は当然、自分が買っているので「この柔軟剤の香りが好み」「毎回、ドラッグストアでまとめ買いしてる」など、自分なりのこだわりがあるものです。

このファーストクエスチョンで、相手がドギマギし始めたら、「既婚者疑惑あり」といえます。

見分けポイント❷ 自分の顔を掲載しない、または後ろ姿の写真のみ

既婚者にとって一番怖いのが「顔バレ」。多くの男女が登録しているアプリで、偶然、知り合いに遭遇する可能性もあるからです。

ですから写真の加工こそするものの、顔がばっちり写っている写真はプロフィールには通常載せません。プロフィール写真が後ろ姿か、ほとんど顔がわからない横顔ばかりなら、既婚者であると疑ってもいいかもしれません。

見分けポイント❸ 夜遅い時間には電話に出ない

はい、これはクロですね（笑）。隣に奥さんがいるから、夜の時間帯の電話には基本出

られません。よくある言い訳に「土日は仕事で忙しいから会えない」というのも、飲食関係の仕事以外は「既婚者」の確率が高いでしょう。

見分けポイント4 SNSはしていない、と言い張る

本当にSNSをやっていないケースもありますが、SNSをやっていても教えてくれない、または「やってない」と言い張る場合、既婚者疑惑が……。SNSには奥さんや子どもの写真がアップされているから知られたくない、という可能性が大だからですよ！おかしいな?と思ったら、一度、SNSで名前を検索してみてもいいかもしれません。

医者、社長と嘘をつく

遭遇率 ★★★★☆ 見分け難易度 ★☆☆☆☆

最近はどのアプリも身元確認がしっかりしてきたので、職業詐称はだいぶ減ってきましたが、まだまだ「俺は医者だ」「会社を経営している」と嘘をつく男性はいます。

でも、見分け方は意外に簡単。見つけたらレッドカードを突き付けて、一発退場させましょう。

見分けポイント❶　税金を聞く

会社を経営している男性、個人病院の医者などは、自分の会社や病院のお金関係のことはしっかり把握しているはずです。税金のことを聞いて「税理士に頼んでいるからよくわからない」と言う男性はかなり怪しい。本当のお金持ちは税金についても詳しく話せるのが常識です。

見分けポイント❷　手術で使う手袋のサイズを聞く

医者と名乗る男性には「手術で使う手袋のサイズ」を聞いてみましょう。もし「Mサイズ」とか答えたらダウト！　オペ用の手袋は「7」や「7・5」という表記が正解です。

見分けポイント❸　勤務先の最寄り駅で会おう、と誘ってみる

これは医者や社長と嘘をついているケースに限らず、ヤリモク男は職場の最寄り駅では会いたがりません。理由は「嘘がバレる」「知り合いに会うとやばい」というように、リスクが高くなるからです。

何も問題がなければ、会社帰りの最寄り駅で待ち合わせするのはむしろありがたいこと。それを頑《かたく》なに拒否するのは、その裏には「嘘」があるからといえます。

ヤリモク

遭遇率 ★★★★★ 見分け難易度 ★★☆☆☆

残念ながら、どのアプリにも絶対にいるのが「ヤリモク男」。100％ヤリモク男もいれば、相手次第でヤリモクに変身しちゃう男もいるので、実は見分け方が難しい点も。ここでは典型的なヤリモク男の見分け方をお教えします。

見分けポイント❶ メッセージを送ると即レスしてくる

「今夜の獲物」を見つけるため、ヤリモク男はマッチングした女性とのメッセージは即レスがお約束。決まり文句のように、

「どこに住んでいるの？」↓家が近いとすぐ会えるし、交通費もかからないからラクだな。

「休みはいつ？ 週末、暇？」↓次の休日に会う約束を早く取り付けたい。

このように、会う目的だけのメッセージが多いのがポイント。女性の中身には興味を示さず、会う約束をしたらとたんにメッセージをよこさなくなるのもヤリモク男の特徴です。

見分けポイント❷ 初デートが居酒屋

酔わせてホテルに連れ込もうというのがバレバレ。ホテル街の近くの飲み屋やカフェを指定してくるのも多いのですが、その場合はいっそうヤリモク男の可能性が高まります。

見分けポイント❸ 初回のデートで愛の告白をする

ヤリモク男は短期決戦が常套《じょうとう》手段。カラダ目的なので余計な時間はかけません。「好きです。付き合ってください！」と、ひざまずいて言うくらい朝飯前。女性をお姫様に仕立て上げて夢心地にしながら「僕たち恋人同士なんだから、いいでしょ？」と、しれっとホテルに連れ込もうとします。

見分けポイント❹ デートに電車ではなく、車で来る

車でわざわざ来るということは、そのままホテルに連れ込みやすい、というのが正解。女性はドライブデートに弱い、というのを知っているやり手もいます。

サクラ（やらせ）

遭遇率 ★★☆☆☆　見分け難易度 ★★★☆☆

実はアプリには一定数の客寄せパンダ的な役割の「サクラ」が存在します。もちろん男性会員だけでなく、女性会員にも「サクラ」はいます。サクラ会員は、こちらがその気になりかけたタイミングでフェードアウトします。「サクラ」会員に恋しても永遠に会えることはありません。

早めに見極めたほうが、精神的ダメージを受けずに済みます。

見分けポイント❶ やたらイケメン過ぎる

やはりサクラ男は、超イケメンが多い。モデルの卵がアルバイトしているケースすらあります。

プロフィールの写真の枚数がやたら多く、明らかに一般人じゃないオーラを出していたら避けたほうが賢明でしょう。

見分けポイント❷ やたら年収の高さをアピール

婚活が目的のマッチングアプリにいるサクラ男は、やたら自分がハイスペックなことをアピールしてきます。「年収の高さ、身長の高さ、学歴の高さ」のいわゆる「3高」をわかりやすくプロフィールに強調してくるのはサクラ男の代表的な証拠です。

見分けポイント❸ やたら「早く結婚したい」「子どもがほしい」とアピール

「すぐに結婚したい」「子どもがほしい」とアピールしてくるのは、かなりやばい。

サクラ男は超イケメンのハイスペックなので、この発言を出すことで女性会員がどっと増える作戦になっています。総じて「話がうま過ぎる」と思ったら、サクラ男かもしれないと思ってください。

勧誘系　遭遇率★★★☆☆　見分け難易度★★★★☆

マッチングアプリでの勧誘系は、恋人探しを目的としていません。実際に会ってみたら、自己啓発セミナーに勧誘してきたり、絵や仮想通貨、不動産を買わせたり、正体はホストで店に誘われたり……。

一歩間違えば結婚詐欺みたいなことになるので、実際に会うまでの間に「話がうま過ぎるな」と思ったら、サクラか勧誘系の可能性大です。会うのはやめましょう。

以上、いかがでしたか？「遭遇したらやばい男たち」は、あなたの観察眼でいくらでも弾き飛ばせます。時間のロス、エネルギーの無駄遣いを防ぐために、これらの見極めポイントを活用してみてください。

第5章 メッセージで相手を惹きつける極意

射程内に入った獲物を確実に落とす！

プロフィールは宝の山！「趣味」をフックに使い倒せ

第5章ではまず、狙った男性を〝落とす〟メッセージ術を紹介します。マッチングアプリ内やLINEでのメッセージのやり取りの攻略法です。

マッチングアプリによる恋活は、気になる男性からいかに「会いたい」と思わせることがカギ！　あなたがどんなに気遣いができてお洒落で、いい香りがして料理が上手でも……、会わないことには、あなたの人となりと魅力は伝わりません。狙った男性に〝グッ〟とささるメッセージ術を紹介していきますので、ぜひ実践してみてくださいね！

第4章で、プロフィールを充実させることは、ヤリモク男をふるい落とし、本命男を残すためのテクニックのひとつとお伝えしました。

同時に、相手のプロフィールがどれくらいしっかりと書かれているかをチェックすることも大切です。それはわかっていても、プロフィールからどう仕掛けていくのかわからない人も多いと思います。

プロフィールとはひとことで言うと、**狙った獲物の取扱説明書と同じ**。まずは今やり取りをしている男性たちのプロフィール欄をじっくり見てください。趣味に、食べ歩き、旅行、釣り、カメラ、野球、ドライブ、筋トレ……などいろいろ書かれていると思います。

女性はつい、男性のスペック（年収、職業、身長、学歴）に注目しがちですが、そこだけチェックしていたのではチャンスはどんどん遠のいてしまいます。

素敵男子とマッチングしても、まずは会話が弾まないと何も始まりません。そのファーストコンタクトで重要なのが、プロフィール欄に書いてある相手の「趣味や好みの情報」なのです。

例えば、趣味が野球と書いてあったなら、

「野球がお好きなんですね！　学生時代、野球部だったんですか？」

と、話を振ってみてください。すると男性は、

「会社で草野球チームに所属しています。シーズン中は野球観戦にもよく行きますよ。今度、一緒にどうですか？」

と、ウキウキしながら返事をくれるはずです。あなたが相手の男性に対してかなり好印

象なら、ここですかさず、

「私、あまり野球に詳しくないから、●●さんと一緒だと楽しく観戦できそう」

と、ジャブを打てば、相手は喜んでプロ野球観戦デートに誘ってくれるでしょう。

男性独特の「自慢したい」「すごいと思われたい」という気持ちをくすぐることが、相手の「会いたい」という気持ちを強烈に後押しする起爆剤になることは間違いなし！

また、ラーメン好き男子なら、
女「どんなラーメンが好きなんですか？」
男「やっぱりとんこつラーメンですかね」
女「とんこつラーメン、高菜と紅生姜を入れると、味変して美味しいですよね」
男「お？　ラーメン好きなんですか？」
女「好きなんですけど、なかなか一緒に食べに行く人がいなくて……。●●さんはたくさん美味しいお店知ってそうですね！」
男「じゃあ、僕が今イチオシのお店、よかったら一緒に行きませんか？」

このように、相手の男性の趣味に興味を示しつつ、「あなたって物知りね！」と持ち上げることで承認欲求の強い男性はイチコロというわけです。**そもそも趣味や特技は、自慢したいネタ、もしくはその男性が自信をもって話せる話題**なわけです。

そこがどこなのかの答えは、すべてプロフィール欄に書いてあるということ。あとはあなた自身が実際に相手の男性に投げかけてみて、答え合わせをしてみてください。

ヤキモキすると、男性は離れていく。それを防ぐには？

マッチングアプリの場合、アプリ内のメッセージやＬＩＮＥ、カカオなど、いろいろなツールで男性とメッセージをやり取りしていると思います。いざやり取りが始まると、こんな思いがぐるぐると巡り始めます。

「返事が来たけど、即レスはＮＧなんだっけ？」

「まだ既読にならないけど、追いLINEはダメよね？」
「相手が1時間後にレスしてきたら、こっちも同じくらい空けたほうがいいよね？」
巷《ちまた》には〝追われる女になるための●箇条〟のようなテクニックがあるので、ついついそれらの情報に振り回されがちになってしまいます。

僕は女性たちから相談を受ける度に、「テクニックに走り過ぎるな！」とアドバイスしています。とりあえず、相手の気を惹きたいから既読無視しようだとか、未読無視して様子を見ようとか、そういうあからさまな駆け引きはしなくていいと思います。

第1章でも書きましたが、「相手を焦らそうと思って、返事を遅らせる」などのテクニックは裏目に出やすいのです。

電話ならいざ知らず、LINEなどのメッセージは、いつ送ってもいいし即レスしなくていい、というのがメリットのひとつ。ということは、**「自分の都合のよいタイミングで返事をすればいい」というのが正解**なのです。

もちろん、〝相手ありき〟なので、**男性の生活リズムに合わせてやり取りを続けることが大人のマナー**です。自分の都合優先でメッセージを送りつけるのは、やはり非常識。例えば、既読になっていないのにメッセージやスタンプを送り続ける、レスがないことを責める、Twitterと勘違いしているとしか思えないつぶやきを連発するなどもNG。逆の立場なら、迷惑以外の何者でもないと思うはずですよね?

女性が陥りがちな代表的なケースと、それぞれの対応策をお教えしましょう。

●相手のレスが遅くてヤキモキする

メッセージに依存しがちだと、そのうち自分も相手も疲れ切ってしまうので、メッセージの通知はオフにしてしまうのがベター。レスが来ないからといって、追いLINEは100%自爆します。「何で返事をくれないの?」と相手を責めるのは、相手の気持ちを萎えさせるだけなので絶対やめましょう。

●1日に1回しかラリーが続かないのを気にする

あまりメッセージの頻度にこだわり過ぎると、相手の男性から「こっちは仕事で忙しいんだよ。平日の昼間にメッセージできるほど暇じゃない!」と、心証を悪くしてしまうでしょう。

あるいは結婚を焦るあまり、相手のことが思いやれないとただの残念女子になってしまいます。メッセージはあくまでも連絡手段のひとつ。相手の時間軸、ペースに合わせることも大切です。

「おはよう」から「おやすみ」までやり取りをしないと安心できない

僕がコンサルをしていて思うのは、不安が多い人ほど、朝の挨拶に始まって夜寝るまでの間、業務報告のようにメッセージを送りたがること。不安だから相手の行動を知っておきたい……、それがメッセージの乱発につながります。まるで息子を監視する母親になっていませんか？

そんなにがんじがらめにされたら、男性は息苦しくて逃げてしまいます。どんなにきれいで魅力的な女性でも、一気にフェードアウトされてしまうのがオチ。

絵文字の多用

まずは、次のメッセージを見てください。

「おはよう😁♫今日はいい天気だね☀こんなに天気がいいのに仕事なんてダルい〜
😨😨😨でも、元気いっぱい頑張ろうね💪💪💪」

こんなＬＩＮＥが毎日来たら、男性はドン引きしてしまいます。楽しい会話のはずが、絵文字を多用することで一気に盛り下がってしまうのです。

絵文字は、アクセントに使う程度がベター。あまりに多用してしまうと、品がないどころか幼稚っぽく見られてしまいます。キツイことを言うようですが、男性とラリーが続かない場合、今一度自分のメッセージ文を振り返ってみることをオススメします。

特に年下男性とやり取りしている場合は、絵文字を多用することで、

「うわ、歳上なのに絵文字使って無理してる……」

と、美魔女から痛いオバサンに格下げされてしまうことも。一度、興醒《きょうざ》めされたら、そこで即試合終了です。

デートが決まったあと、なぜ男性のメッセージは豹変《ひょうへん》するのか？

男性の本音を代弁するなら、女性とメッセージをやり取りするのは、「実際に会う」という目的があるからこそ。約束を取り付けるまでは、女性が多少素っ気なくても、ラリーがくだらない内容でも続けられるのです。

でも**実際にデートの日程が決まったら、ある意味、そこでミッションはコンプリート。**それまでは、あなたとのメッセージのやり取りの優先順位が高かったとしても、**デートが決まった時点で、趣味や男友だちとの時間を優先するのが男という生き物**です。

一方、女性はデートが決まってからも、
「デートの待ち合わせ場所、どうしますか？」
「行きたいスイーツカフェがあるんです。とにかく店内も素敵で、インスタ映えするのでオススメです」

「好みの服装ってありますか？　ピンクのフリフリ服以外なら（笑）、好みに合わせますよ」

など、**会話を続けて盛り上がりを持続させ、高めていきたい生き物**なんですよね。

ここに男女の明確な違いがあると僕は思っていて、これを理解しないと付き合うところまで進展しにくいのです。

マッチングアプリで**確実に狙った男性と会いたいのなら、デート日が決まったらしつこくメッセージを送らないこと。**前日までに相手から待ち合わせ場所や時間などの確認連絡が来たら、そこでデートが楽しみなあなたの気持ちを伝えれば、それだけで十分！

さらっと大人の女性の余裕を見せながら、「明日のデート、楽しみです！」とメッセージを送ったら、早めにお風呂に入ってパックでもして、コンディションを整える時間に使ったほうが有効です。

実際に会うのがまだ不安なら、電話を使ってみよう

メッセージのやり取りは頻繁に行っているものの、いざ会うとなると知らない相手で不安だし怖い……、と躊躇《ちゅうちょ》する人は多いです。女性のほうが多いですが、当然男性も多少の不安はあるもの。

ではなぜ、メッセージだけだと不安に感じるのでしょうか？　これは、対面で会って会話をしていないことが大きいといえます。

僕は、このような不安を抱いている方々に、**「実際に会う前に、一度電話で話してみれば？」とアドバイスしています。これは、女性から持ちかけてみてもＯＫ**です。

「電話とメッセージのやり取り、何が違うの？」と思う方もいるでしょう。でも、意外かもしれませんが、**電話だと相手が本気か遊びかをかなり見極めやすくなる**のです。

メッセージだと、送信する前に前回のやり取りを読み返すことができるので、お互い何

とても取り繕《つくろ》えるわけです。一方で音声の会話だと、リアルタイムでお喋《しゃべ》りをしているので、**ぶっつけ本番ですから嘘やごまかしが利かない**のです。つまり、これまでの会話の裏を取ることができるわけです。

相手の声のトーン、話すテンポ、普段の会話でどのような言葉遣いをするのかなど、耳からの情報で相手の人となりがたくさんわかります。プロフィールでやさしい性格と書かれていても、実際に声を聞くと何だか冷たそう、というのも伝わってしまいます。

プロフィール欄に記載している内容がどこまで本当か、いきなり下ネタなど話してこないかなど、メッセージのやり取りのときとはまた違った角度で、ダメ男やヤリモク男をふるいにかけられるわけです。

この時点で「この男、やばいかも」と見極められたら、会うのはやめればいいので、貴重な時間を無駄にせずに済みます。オススメです。

ときには清水の舞台から飛び降りる勇気も必要

〝虎穴に入らずんば虎子を得ず〟という故事成語を聞いたことがある方も多いと思いますが、これまで僕が見てきた男女の中で、慎重になり過ぎている人や相手に探りを入れ過ぎている人で、トントン拍子にうまくいったケースは稀です。

そもそも恋人を作る、または結婚するためには何が大切だと思いますか？　それはずばり、相手とコミットすることです。

どんなにあなたが容姿端麗《ようしたんれい》で教養もあり、料理上手だとしても、**まずは相手の男性と会わないことには何も始まりません。**よくよく考えれば、非常に当たり前のこと。

「実際に会うならもっとお互いのことを知ってからでないと」

と、ＬＩＮＥのやり取りを始めてから早１か月……。いつの間にか相手からのレスは途絶えて、結局「私の何がいけなかったの？」と悲劇のヒロインになる繰り返しは、あまりにも悲し過ぎます。

こじらせ女子になりたくないなら、**テンポよくメッセージのやり取りが続いている1か月以内に勝負を仕掛けるべき**です。プロフィール欄やアプリ内メッセージ、LINEである程度ふるいにかけたら、まずは電話もしくは食事をしてみましょう。

極端な話、電話で話してみて、もしくは会ってみて**「なんか違った」と思ったら、「急用ができた」とか言ってとっとと帰ればいい**んです。

逆もまたしかりで、案外、会ってみると写真より実物のほうが素敵で、「付き合ってみるのもアリかも」と、ゴールインが近づくことだって珍しいことではありませんよ！

日本初の縁結び士直伝！
念押しで相手の正体を突き止める質問集

第4章の最後に、「遭遇したらやばい男たち」の見極め方法をお教えしました。ここでは、具体的なメッセージのやり取りで、さらに「ホンモノとニセモノ」を見分けるために、会う前に必ず聞いてほしいことをピックアップしました。

●仕事の話を通じて「嘘をついていないか」「将来性があるか」を見抜く質問

例1「私は今の会社に10年間勤務してマーケティングの仕事をしています。Aさんは今どんな仕事をしているんですか?」

例2「最近、お仕事はどんな感じですか? テレワークは増えましたか?」

〈結の解説〉経済的に安定しているかどうかの確認に役立つほか、仕事を聞いたとき、どこまで男性が具体的に自分の仕事について語れるかで嘘が見抜けます。また、相手の仕事内容や働く環境についてどう感じているかを聞くことで、仕事に関してポジティブかネガティブかも判断できます。グチが多ければ、将来性は△か×。逆にやたら自慢してくるのも、ただの自己満男の可能性あり。

●ハイスペックな男性の本気度を探る質問

例1「Aさんは、●●商社に務めているから年収高いし、モテるんじゃないですか?」
例2「どのくらいの女性とやり取りしているんですか?」
例3「どうして私に〝いいね〟のメッセージをくれたんですか?」

〈結の解説〉 一流企業勤務で高収入、おまけにイケメンといったハイスペックな男性の中における〝あなたの序列〟を確かめるのに役立ちます。すべて本当のことを話すとは限りませんが、やり取り人数が5名で、あなたのことを「顔が好みだったから」という答えなら、かなり見込みアリと思っていいでしょう。

●休日の確認を通じて「会いやすいのか」「ダメ男か」を確認する質問

例1「たまにまとまったお休みで旅行に行きます。うちの会社、有休を取りやすいのが最大の魅力かも。Aさんはお休みが取りやすい会社なんですか?」
例2「私、土日がお休みなので、日曜日の夜はなんとなく憂鬱《ゆううつ》な気分になっちゃうんです。

そういえばAさんは土日がお休みですか?」

例3「今週末お休みだったのに、休日出勤になっちゃったんです（泣）。Aさんは休日出勤になることとありますか?」

〈結の解説〉休日が自分と合うのかどうかを確認することは大切！　せっかくお付き合いがスタートしても、お互いの休みがほぼ合わなくて、うまくいかなくなったカップルは意外に多いもの。また、休日出勤が頻繁にあるかどうかを聞くのも重要。このときの受け答えで、〝本当に忙しい＝遊ぶ暇がない人〟なのか、土日は家族がいるから会えない既婚者なのか、ふるい落としにもつながります。

例えば、「不定休なんだけど、シフトが出る前なら調整できるよ」「休日出勤や出張が多いから、丸1日休みがあるときはたまった洗濯とか家事とか寝だめして1日が終わっちゃうんだよね」みたいなメッセージが返ってくれば、本当に忙しい人の可能性が。

逆に、「不定休だから、いつが休みとか事前にわからないんだよね」「土日休みだけど休日出勤とか出張に行くことが多いから、平日の仕事終わりのほうが時間が取りやすいかも」などと言う人は、既婚者かヤリモク男の可能性が濃厚です！

● 結婚についてどのくらい真剣に考えているのかを聞く質問

例1「Aさんはコンサルタントをしているんですね！　将来は独立とか考えているんですか？」

例2「この前、姪っ子と遊んだんです。子どもってやっぱりかわいいですよね。Aさんは子ども好きですか？」

例3「30代になってから、実家に帰る度に『いい人いないの？』って親からすごく心配されちゃいます。Aさんは、お母さんやお父さんから結婚について何か言われたりしませんか？」

〈結の解説〉正直、ここは重要な部分だから、直球で聞いていいでしょう。「俺、子どもほしくないし、結婚願望ないんだよね」「今が楽しければよくない？」「将来、芥川賞作家になろうと思っているんだよね」「不労収入が夢。本腰入れて投資で稼いで、シンガポールとかタイに移住しようと思ってる」「俺、世界平和に貢献したいと本気で思ってる」といった刹那的《せつなてき》な夢追い人＝現実を見ていないと判断できるレスが来たら要注意！　夢を持つこと自体は悪くはないけれど、こういうタイプは結婚向きじゃない。あなたの時間を無駄にしてしまう確率が高いので、結婚相手を本気で探している場合は、さっさと見切りを付けて次にいきましょう。

狙った獲物は逃さない。意中の彼を捕獲するメッセージ術

一度も会っていない男性とデートするには、しっかりと趣味をリサーチしたうえで、〝わくわくデート〟で誘うべし！　男性も自分が楽しめるデートには超前向きになるはず。それと、解散してからのフォローも大事。

ではメッセージでどのようにやり取りするのか、具体的に紹介していきましょう。

●彼がカフェ好きな場合

女「新宿に〝ヘビカフェ〟ができたらしいんです！　ちょっと興味あるので行ってみませんか？」

男「いいね！　ヘビと触れ合えたりするのかな？　実は爬虫類《はちゅうるい》好きなんですよね」

女「プロフィールに書いてありましたね。さっそく今度の金曜日あたりはどうですか？」

男「今週の金曜日なら仕事が早く終わるから大丈夫！　すごい楽しみだな」

〈結の解説〉男性は自分が好きなこと、得意なこと、はまっている趣味に関しては、お金を出しても自分の知識を披露したいし、参加したい気持ちが強く働きます。「私もカフェ好きなんです。趣味が合いますね！」と、気が合うことを強調しつつ誘ってみてくださいね。

●忙しい彼に時間を区切って会う作戦

デートの約束をしたい相手が、もしも超多忙だったら？「休日のスケジュール合わないから無理ですね」とあきらめる前に、ショートタイムで会う作戦がオススメ。あらかじめ終わりの時間を教えてあげれば、お互いにその前後の時間を有効に使うこともできます。

女「今度の土曜日、夕方から渋谷で予定があるので、よかったらランチかお茶しませんか？」

男「了解。ランチメニューが充実したカフェをいくつかピックアップしておきますよ」

女「よかった～。私、17時には予定があるから、14時から小1時間くらいのランチデートでどうでしょうか？」

男「OK！ランチ楽しみにしてますね」

〈結の解説〉具体的に時間を区切って指定してくれるのは、忙しい男性にとってすごくありがたいこと。「今度の週末、会いましょう」と誘われると、「会ってみて盛り上がらなかったら?」などいろいろ考えてしまい、何だか億劫《おっくう》になるのが男性の心理というもの。忙しくてもランチデートならできるので、会うまでの心理的ハードルがグッと下がるのです。

●また会いたいと思わせる〝後ろ髪〟を残す作戦

女「今日は、本当にありがとうございました! あっという間の時間でした」
男「本当ですよね。僕もあんなに時間を早く感じたの初めてだったな」
女「私もです! きっと●●さんと一緒だから早く感じちゃったのかな。また会いたいな」
男「そうだね。次の休み、映画観に行かない?」

〈結の解説〉帰り際に「もう時間だ。寂しい……」とか「すごく楽しかった!」と直接言うのはもちろんのこと、帰宅してからのメッセージでも「楽しかった」「また会いたい」と伝えることで、男性は「これって脈アリ?」と本気になりやすいのです。

アプリ疲れをしている こじらせ女子へ捧ぐアプリ活用法

「アプリやってみたけど、何だかやり取りに疲れちゃって……、私には合わないみたい」と、僕の婚活サロンに駆け込んでくる女性、すごく多いんです。ただ、はっきり言ってしまうと、それ〝**ただモテてないだけ**〟なんです。

またまたキツいこと言っちゃってごめんなさいね。でも実際にモテていたら、疲れるどころか上機嫌のルンルン気分になるはずですよ。

アプリで疲れを感じている女性の行動パターンを紹介すると……、

アプリA開始↓最初は〝いいね〟も「初めまして」メッセージも足跡も多くて、多くの男性からちやほやされて嬉しい↓何人かとやり取りを重ねる↓その中でさらに何人か絞って実際に会ったりする↓そこでは正式に付き合うほどの男性がいなかった↓もっといい人がいるんじゃないかと思い再びアプリAで探すものの、だんだん〝いいね〟の数や、やり取りが減る↓自分には合っていないと感じて、何だか疲れてきた

という女性が非常に多い。

重要なのは、「だんだんやり取りが減る」ということ。つまり、「ちやほやされなくなった＝モテない」という現実をアプリで突き付けられたから、〝アプリ疲れ〟と言っているだけなのです。

第4章でもお伝えしましたが、**モテなくなって疲れを感じたら、ひとつのアプリに固執せず狩場を変えればいいだけ**です。

マッチングアプリで相性のよい相手が見つかるときというのは、

❶ 自分と共通点が多い

❷ ログインする時間帯が同じ

❸ 気兼ねなくメッセージが続く

❹ お互いインドア派またはアウトドア派など、行動パターンが似ている

といった点がかぶることが多いです。

あなたの目的（恋人探し、マリッジ系、異性の友だち探しなど）に合ったマッチングアプリに登録して、そこであなた好みの、あなたと共通項の多い男性を探せばいいだけです。

広い視野で多角的にアプローチすることが、ハッピーエンドへの近道ですよ！

特別付録 会話に詰まるときに使える「あいうえお」

せっかくマッチングしても、数回ラリーを続けると、「何と返事したらいいのかわからない」「恋がご無沙汰《ぶさた》過ぎて、男ウケする言葉が出てこない」「挨拶やお礼以外のボキャブラリーが少ない」と切羽詰《せっぱつ》まってしまう女性はたくさんいます。

初対面でも言葉がスラスラ出てくる人はいいけれど、気の利く一言が出てこない……と悩んでいる人に向けた〝男性を落とす「あいうえお」〟を特別に紹介します！

男性を落とす言葉の極意は、「一にほめて、二に喜ばせ、三四がなくて、五に感謝」。

どんなメッセージが相手に響くのかわからないときは、次に挙げる「結式《むすび》、あいうえおフレーズ集」を活用してみてください。きっとどれかは、相手のハートにささるはずですよ。

［あ行］

あ　頭がいいですね／安心する／あなたしかいないの／会いたくなっちゃった

い　行ってみたいな～／一緒にいたいな／いい感じだね

う　嬉しい（大げさに）／うわ～（「すごい」とか「素敵」とかを続ける）

え　えーっ、こんなこともできるの⁇

お　（●●さんのこと）思い出しちゃった／お疲れ様／面白いね

［か行］

か　カッコいいね／帰りたくない／（彼が甘えてきたら）かわいいなぁ

き　今日は特別だよ／きっと●●さんとだから（「楽しい」とか）／キュンキュンしちゃう

く 癖になります／口癖がうつっちゃったよー

け 結婚して／（仕事の話とかで）経験豊富なんだね、すごいね

こ 声が聞きたいな／恋しいです

［さ行］

さ さすがですね／爽《さわ》やか／さっき別れたばかりだけどもう会いたい

し 心配だよ／●●したいです／幸せです

す 好き／すごいね

せ （お）世辞じゃないよ／セックスしたい↑ときには下ネタ的発言をしてドキドキさせるのもアリ！

そ 尊敬します／そんなこともできちゃうの？

［た行］

た 大丈夫？／楽しい／頼りになるね／（あなた）だけ

ち ちょっぴり●●↑かわいらしい言い回しをする

つ （あなたに）ついていきたいなぁ／ツンツンしないでたまにはリラックスしてよー

て　デキる男ですね

と　ドキドキしちゃう／虜《とりこ》になっちゃいました

［な行］

な　なるほど〜

に　人気者ですね／（あなたと一緒だと）にっこり笑顔になれちゃう

ぬ　濡《ぬ》れちゃった↑こんな下ネタもときには有効

ね　眠れないや／眠くなっちゃった

の　飲んでいい？／（あなたといると）のんびりできちゃうな

［は行］

は　（こんなこと）初めて！／ハッピーだよ

ひ　惹かれちゃった

ふ　雰囲気ありますよね／二人きりで会いたい／不思議だけどあなたといると落ち着くの

へ　勉強になります

ほ　本当にすごいよ／惚《ほ》れ惚《ぼ》れしちゃう／惚れてまうやろー

［ま行］

ま 真面目な人で信頼できます

み 見守ります↑仕事で忙しい彼に対してのエール／見つめていたい↑寝顔とか

む 無理してない？

め めーっ！↑ダメをかわいらしく／面倒見がいいですね

も モテるでしょう？／もっと●●したい

［や行］

や やっと（二人きりで会えた）／やっぱり素敵！

ゆ 夢に出てきたの／夢で会えますように

よ 余裕があるところが憎らしいなぁ↑プンプンって感じで

［ら行］

ら ラッキーだな、あなたと会えて

り リラックスできるの、あなたの隣にいると

る ルンルン♪

れ　連絡もらえたらハッピーです

ろ　ロマンチストなんですね

［わ行］

わ　私のことどう思う？／わーい♪

話がつまったとき、想いを伝えたいとき、あなたの気持ちと状況に合ったフレーズをぜひ使ってみてください。恋は常にトライアル＆エラー。チャレンジあるのみで、素敵な恋をつかんでくださいね。

第6章

決戦！デート編。

男に追わせて本命女に勝ち上がる方法

最初のデートでダメ男をふるい落とそう

〃お一人様〃から脱したいなら、マッチングした相手の情報を分析して、ダメ男ではないと判断できた段階で次のステップに進むのが賢いやり方です。

ちょっと雑な例えになるかもしれませんが、大きく網をかけてたくさんの魚を捕まえたとしても、網の中には美味しいタイやエビだけとは限りません。きちんと選別しないと「食べるなキケン」の魚が混じっているかもしれません。マッチングアプリでの出会いも、ある意味同じといえます。

本章では、〃いいね〃をお互い送り合ってマッチングしたあとに、初回のデートでダメ男をしっかりふるい落とす方法から、本命と次回につなげるための〃追われる女〃になるポイントをお伝えしていきます。

初デートで会う場所は、男性に選ばせてはいけない

デートが決まったからもう安心？　いえいえ、ここからが一番気を抜けない局面。デート中だからこそ、相手の甘い言葉に惑わされることなく、厳しい目で本命とダメ男を見極めることが最大のミッションです。

最初のデートで気を付けるべきひとつ目は、**会う場所は自分のテリトリーで！**

「最初に行く場所くらい、男がリードしなきゃ」と思われがちですが、実は大間違い。相手のテリトリーとは、いわば相手にとってのホームです。行きつけの店からどのようなシチュエーションやルートを通ればホテルまで持ち込めるか……、相手がもしヤリモク男なら当然、お決まりルートがあるはずです。

だからこそ、初デートの「どこでもいいよ」は絶対にNG。最初のデートだからこそ、自分がよく行く店、土地勘のある地域、自力で帰れる場所を指定しましょう。

もし相手の男性が頑なに「いや、俺の行きつけの店で会おうよ」とか「渋谷でいいでしょ?」と、**こちらの都合も聞かずに決めてきたら、ヤリモク度はかなり高め。**

逆にあなたと真面目に向き合おうとしている男性なら、「君の行きたいお店があれば、そこでもいいよ」または「家から遠いと帰りが大変だよね」と、気遣いを見せてくれるはず。それ以上に、男性側が女性（あなたのこと）を知りたいと思ったら、あなたがよく行く場所や店にも興味をもってくれると思います。

初めてのデートはあなたのテリトリーで会って、そこでヤリモクではなく第一次審査を突破したのなら、**2回目のデートでは「今度は、あなたの行きつけのお店に行ってみたいな」と言えば彼も喜ぶはず**です。

自分のテリトリーで会うメリットは、何もヤリモク男の見極めだけではありません。初めて行く場所や店では緊張しがちですが、**行きつけの店だとリラックスできるので落ち着いて会話ができる**はず。

自然体の自分を見せることができたら、相手の男性に「素敵な女性だな。また会いたいな」と思わせる可能性が高くなります。

初デートで話す時間は、男性が8割が正解

初めてのデートでは、聞き上手に徹しましょう。なぜって、そのほうがいち早く相手の情報が知れるから。**会話は、相手に8割喋らせるつもりでOK。**まずは**会うまでのメッセージのやり取りやプロフィールの内容と、実際の会話の内容の答え合わせをしましょう。**「そういえば、プロフィールにキャンプが趣味って書いてあったけど、どのあたりに行くの?」という軽いジャブから、住んでいる地域、仕事のことなどさりげなく話題にしていきましょう。**相手が嘘をついていると、だんだん辻褄《つじつま》が合わなくなってくる**のでチェックして!

聞く内容は、次のような順番で聞いてみてください。相手が答えやすそうなものから先に聞いていくと、スムーズに進みます。

〈①年齢(生年月日) ②住まい ③彼女(妻)の有無 ④年収 ⑤バツの有無(理由も

聞くこと！）⑥学歴　⑦親・家族について　⑧宗教　⑨国籍〉

また、真面目に結婚相手を探す場合は、**初回で「免許証・名刺・独身証明書」などの身元確認をしておくのもオススメ。**会う前のメッセージのやり取りの段階で、「今度会うときに身分証の見せ合いっこしない？」と提案するのもいいでしょう。ただのヤリモクなどダメ男なら、このメッセージにビビッていきなりＬＩＮＥをブロックしてきたり、ドタキャンしたりする確率が高くなります。

とにかく初デートでは、どんどん相手に喋らせて、身元確認をしていくのが嘘つき＆ダメ男の排除法です。**こちらから話題を振ったり相手の人となりを知ったりするための純粋な情報収集もできるので、一石二鳥にも三鳥にもなります。**

身元確認は、会ってから時間が経てば経つほど聞きづらくなります。まだ本格的に付き合う前だからこそ、しっかり確認し合うことが大切なのです。

7つの質問で、相手の男性をきめ細かくチェックできる

さらに、次の7つの質問もぜひしてみてください。長く本気で付き合えそうな男性かどうかを、相当正確にふるい分けることができるからです。

【質問その1】〜【その5】は、相手に問題がないかどうかの確認事項。【質問その6】と【その7】は、相手が自分のことを実際に会ってみてどう思ったのかが、さりげなく確認できます。

質問はいずれも**事情徴収のように聞くと相手は引いてしまいますが、「あなたに興味があるの！」というスタンスなら、よっぽどのことがない限り喜んで話してくれるはず**です。

それには、**自分の情報も開示しながら会話のキャッチボールをしていくのがポイント**です。

心理学用語で「自己開示の返報性」というのがあります。自分自身の情報を話すほど、相手も心を許し自分のことをどんどん語る心理をいいます。

もちろん、プライベートな事情で他人に話したくないこともあるでしょうから、何でもかんでも無理して話す必要はありません。

質問その1　「最後に彼女がいたのはいつ？」

これはぜひ確認したい質問事項。彼女いない歴1年なのか、1か月なのかで、相手の「恋愛の引きずり度」がわかるからです。彼女いない歴があまりにも長いと、元カノをかなり引きずっている可能性が高くなります。粘着質タイプだと、ストーカーにもなりやすい。

逆に別れたばかりの場合、別れてもすぐ次の恋に何の抵抗もなく移行できるタイプかもしれないので安心できません。人に対する感心は低く「ちょっとでも違うな、となったら次の女にいけばいい」という考えなので、付き合いが長続きしないかもしれません。

一概には判断できませんが、基本的な恋愛の傾向は知っておいたほうがいいでしょう。

質問その2　「元カノと別れた理由は？」

この質問は、相手が話したくない場合は深追いしないでOK。

ただし、自分が原因で別れたのか、相手が原因なのかくらいは聞いてみてください。毎回、自分から振っているという男性ならば、飽きっぽいか、神経質で完璧主義のこだわり屋なのかもしれませんので要注意。そんなことが確認できます。

質問その3 「どんな恋愛観や結婚観を持っている?」

この質問では、どんな返答の内容かより、はぐらかしたり面倒がらずに答えてくれるかどうかをチェック。相手の男性があなたとの関係を前向きに考えているなら、恋愛観や結婚観についてそれなりに答えてくれるはず。

あなたのことを遊び相手にしか思っていない場合は、結婚観については話したがりません。それはあなたが、自分との結婚の青写真を描いてしまったら困るからです。

質問その4 「女性が多い職場なの?」

これは聞けたら聞いてみてください。職場に女性社員があまりいないのか、普通に若い女性社員もいる職場なのかで、男性の本気度は変わってきます。

女性がいない職場なら、本気で相手を見つけようと思っている確率は高く、女性がたくさんいる職場なら、アプリで遊び相手を見つけようと思っているヤリモク男の可能性が高くなるからです。同じ職場で遊んでしまうと社内で噂になったり、もめたりするとまずい、という理由が考えられます。

質問その5　「将来の夢・目標は？」

これも男性は遊び相手には話さないテーマです。よっぽど自己顕示欲の強いタイプなら別ですが。

「将来は海外を拠点にしたい」「35歳までには起業する」など、将来の目標を話してくれるなら、相手の男性はあなたとの交際を前向きに考えている証拠ともいえるでしょう。

質問その6　「実際に会ってどんな印象だった？」

「イメージ通り」との答えならまずは及第点。

「イメージとは違う」でも、いい意味でのギャップならOK。例えば、「写真ではおとなしそうに見えたけれど、実際に会うと活発なイメージだね」と相手の男性から言われれば、それは好感度が上がったということ。

あなたが恋愛上級者なら、あえてギャップ路線を狙ってみるのもいいかも。なぜなら男性は「ギャップ萌え」しやすい傾向があるから。ギャップを見せれば見せるほど「もっと知りたい！」と食いついてきます。

質問その7 「どんな人がタイプ？」

この質問も重要です。わかりやすくタレントで例えると、あなたはアナウンサーの水卜麻美さんタイプだとして、相手の男性は女優の北川景子さんが好みのタイプだと言った場合。普通に考えるなら、あなた自身と彼の好みは違うわけです。

でも、ここでがっかりすることはありません。実際にマッチングしてデートまでしているわけですから、相手の男性はあなたのふんわりした雰囲気を気に入ったということ。「あなたの好みのタイプとは違うけど、中身重視なんだね。お目が高い！」とジョークまじりに返しておけばＯＫ。

第１章でも伝えましたが、男のストライクゾーンは広いのです。遠くの美女より、近くの癒し系女子。結局、一緒にいて楽しくて癒される女性が選ばれるので安心してください。

初デートは、カフェで2時間以内がオススメ

初デートはお酒が入らず、気取らずに話せるカフェがオススメです。カフェなら、男性にごちそうになる場合でも負担になりません。

時間は2時間以内を目安に。あまりに自分の情報を与え過ぎると、相手の男性にとって、「もっと知りたい、次も会いたい！」という興味がそそられなくなるからです。ダラダラ長居するのではなく「ちょっと物足りない」くらいがちょうどいいのです。

また、お会計での振る舞いも大事。初デートでは男性が出してくれるケースが多いけれど、大人の女性の嗜《たしな》みとして、**お財布を出して払う姿勢は見せましょう。**

よくないケースは、若かりし頃はモテモテだった女性が〝奢《おご》られて当然〟という態度をとること。男性はお金を払うのが嫌なのではなく、男性側を気遣う態度がないことにがっかりするのです。「将来、稼いだお金の管理を任せられないな」とまで思うことも。

最低限の礼儀として「自分も払います」という意思表示はしつつ、ごちそうしてもらったのなら、**心を込めて「ありがとうございます。ごちそうさまでした、美味しかったです！」と笑顔で伝えましょう。**

それとは別に、心の目では、**男性に出し渋りがないか、ちらっと見えるお財布の中身がレシートなどでごちゃごちゃしていないかなど、シビアにチェックすることも忘れずに。**

相手に敬意を払ってお礼を言うことと、払いっぷりや持ち物などから相手の経済状況を確かめることは大事なことです。

初回のデートはお酒なしのカフェデートとなりますが、**2回目のデート**が実現した場合は、お酒が飲めるレストランに行って、**アルコールが入ったときに豹変するかどうかもチェックしておきましょう。**

中にはアルコールが入ると強気になる、グチっぽくなる、乱暴な物言いになる……など、相手の本性が見えてきたりします。将来、ＤＶ男になるかどうかの見極めにもなりますよ。

カフェから駅までがチャンス！　次のデートを実現させる裏技

初デートでは会話も弾み、お互いいい感じ♡

さて次のミッションは、2回目のデートの約束を別れ際までに取り付けること。できれば相手に、「楽しかったね！　次はいつ会えそう？」と言わせたら万々歳！　コーヒーやケーキを食べ終わって、会話に区切りがついたら、それとなく「そろそろ……」と時間が来たことを伝えましょう。このとき、「楽しい時間ってあっという間だね」と、笑顔とともに伝えることも忘れずに。

あなた自身も相手の男性をすごく気に入って「まだ一緒にいたい、何ならこのままホテルに行ってもいいかも……」と思ったとしても、そこはグッと我慢《がまん》！　遊びでOKならいいけれど、結婚を視野に入れた相手探しなら、ここはセカンドデートに持ち込むことが最大のミッションなのです。

カフェから駅に向かうまでの時間が、男性に「また会いたい」と言わせる最大のチャンス。

デート中か別れ際に、男性が女性を次のデートに誘うことが多いのがアンケート結果からもわかっています（出典：エキサイト婚活「初デートの後、また会いたい相手ならいつ誘う？ - 男性編」）。このアンケートから、男性が初デートでまた会いたくなった女性を誘うタイミングとして、「デート中か別れ際」と答えた人が57・5%と半分以上となっているため、男性はこのタイミングで次も女性と会うかどうかをかなり意識していることが読み取れるでしょう。

「今日は本当に楽しかった！」「●●さんと会えて本当に嬉しい♡」「素敵な時間をありがとう」と、**感謝や称賛する言葉を男性に伝えましょう。その際、相手と肩が触れるか触れないかの近さ、手がつなげそうなもどかしい距離で言うのがミソ**です。さらに、あなたの髪の毛のいい香りで五感を刺激できれば理想。

彼は理性と本能の間で葛藤しながら、自分の感情に気づき、ついに「また、会いたいな。次に、いつ会える？」という言葉を吐くことになるのです。ここですぐに具体的な日にちを決めてください。はい、ここまで導いたら、完全にあなたのペースです！

もちろん相手から「次も会いたい」と言われないこともあります。その場合は、「今日は楽しかったです。また会いたいな」と自分から言ってしまいましょう！　よっぽど相手の好みでないという場合を除けば、あなたから会いたい気持ちを伝えることで2回目のデートの可能性は高まりますよ。

僕は婚活サロンの女性に、いつも次のように伝えています。「もし初回のデートで相手を気に入って、次も会いたいと思ったら**『次も会いたい！』『タイプなんです』と、3回は伝える**こと」

仮に相手の男性のリアクションが少々悪くて「次はないかな」と思っても、この3回アタックで逆転したケースが、実はたくさんあるのです。

無事に結婚までいった会員さんカップルに聞いたら、男性側が、「彼女がちょっと照れながら『あなたがタイプなんです。次も会ってくれますか』と言ってくれて、気持ちが揺さぶられました。そのときは約束しなかったのですが、翌日、さっそく僕からデートに誘ったのです」。

不思議に思うかもしれませんが、感謝と好意を適切に伝えられたら、やっぱり男は嬉しくてなびいてしまうのでしょう。

〝追われる女〟は、2回目のデートまでにコレをやる

ひとまず、初デートお疲れ様でした！　しかしながら、恋活戦線はここからがいわば本番。2回目のデートの約束の取り付け方、次に会うときまでにしておきたいことは以下になります。

●初デート当日

今日のお礼と楽しかったことをメッセージで簡潔に伝えること。長文はNG。お互い帰りの電車か家に着いた頃に、相手からメッセージがきたなら、かなり脈アリ！

●2回目のデートの約束の取り付け方

初デートの別れ際に約束をしていない場合、初デートから3日後くらいに「そういえば、今度の土曜日お休みなんです。●●さんは?」とメッセージを送ってみましょう。1週間

空けてしまうと、相手への印象もトキメキも薄らぐので、できれば早いうちに2回目のデートの日にちを決めること。ただし、ガツガツした印象を与えないようスマートに！

2回目のデートが決まったら

追いメッセージや毎日の報告メッセージはもちろんのこと、「おはよう、おやすみ」など、特に用事もないのにメッセージを送るのは控えて。

第5章でもお伝えしましたが、男性はデートの日程が決まればそれ以外のメッセージは面倒に思ってしまうパターンが多いので、自分がウキウキしているから相手も同じだと思ったら、男女で感覚は違うのです。ただし、男性から送られてきたメッセージには、変な駆け引きはしないで返信してあげましょう。

実際に2回目のデート当日までは、相手の頻度に合わせて返信すればOK。間違ってもスマホとにらめっこして、「まだ連絡が来ない……」と待ちの姿勢ではなく、仕事や家族、友だち、趣味、自分磨きの時間を優先すること。

〝追われる女〟になるには、2回目以降のデートでいかに余裕を見せるか、自分のペースに持ち込めるかが勝負の分かれ目です。

否定から入るのに威力は絶大！「トム・クルーズ理論」

僕は、気に入った男性を必ず落とせる「トム・クルーズ理論」を、女性たちによく伝授しています。どういう作戦かというと、まずは彼に好きな映画の話をします。

「私は●●って作品が大好きなんですけれど、好きな俳優はいますか？」

と、男性に質問したときに、相手が、

「僕はトム・クルーズが好きで、よく彼の作品を観るんだ」

と答えたとします。

1回目のデートでは、それ以上、映画の話はしません。

そして2回目のデート。あなたからまた、映画の話を振ってください。

女「●●さん、そういえば映画好きですよね」

男「うん、この前も話したけど、トム・クルーズの映画が好きなんだ」

女「私、トム・クルーズ、**興味ないんです（キッパリ）**」
男「え？　そうなの（がっかり）」
女「……でも、トム・クルーズ、なんか嫌いだし興味なかったんですけど、●●さんがトム・クルーズがいいって言うから、私、ツタヤに行ってトム・クルーズのＤＶＤ借りて初めて観たんです。そしたら**すごい面白くて。こんなに楽しい映画を教えてくれてありがとう！**」
男「そうなんだ！（感動）じゃあ、〝次の〟デートは映画を観に行こうよ」
女「嬉しい。楽しみにしています（やったー）」

このように、**男性は自分の影響で彼女が変わっていくのを実感すると、すごく嬉しくなります。**

この素直さに男性は感激して、「もっといろいろなことを教えてあげたい」「いろいろな場所に連れていって、彼女が喜ぶ顔が見たい」と思い、あなたに対して熱量が上がるのです。

それも嫌いだったものが、自分の影響で好きになってくれた、というのはかなりポイント高いです。次につなげたいなら、**多少あざとくてもやってみる価値はあります！**

男がどんどんはまっていく〝追われる女〟3つの条件

初デートでダメ男をふるい落とし、**2回目のデートの約束を取り付けたあなたのこれ以降のミッションは、〝追われる女〟になること。**

相手の好みに合わせつつも、自分のペースで生きている女性こそ、実は男性からの需要もあるのです。**昨今の男性は、「いい意味で自分に依存してこないで自分軸で生きる女性のほうが、結婚してもラクでいい」と思う傾向にあります。**

僕の婚活サロンでも、男性会員に「どんな女性と結婚したいか?」と聞いてみたところ、「自立心があって自分の時間を大事にしている女性」という意見が多かったのです。これはつまりは、夫になる男性の時間も大事にしてくれるということ。

恋愛期間と違い結婚生活は日常の連続なので、男性に依存したり、束縛をしたり、いちいち嫉妬したりする女性との生活は、正直しんどい。

そんな男性の本音があるので、結婚前のお付き合い期間で、

「ＬＩＮＥして30分経ったけど、まだ既読にすらならないって、どういうこと?」

「既読したのに、すぐレスくれないなんて、浮気でもしてんの?」

こんな具合に自分中心になってしまっていて、相手が自分に合わせないことに苛立《いらだ》っている。こういう女性、男性は最も苦手です。もっと言えば、さっさと逃げたくなります。

「じゃあ、男が求める〝追われる女〟って何よ?」と疑問に思う婚活沼にはまった女性たちに向けて、「〝追われる女〟とは何ぞや?」を紐解いていきます。〝追われる女〟とは……?

条件1　恋愛に対して強い執着心や依存心がない

「私と仕事、どっちが大事なの!?」

こんな昭和のトレンディドラマで使われるようなセリフ、令和時代の今でも聞きます。

まず、わかってほしい。あなたと仕事は同価値ではないのです。

「でも、どんなに忙しくてもご飯食べたり、トイレ行ったり、移動時間に連絡できるはず。その隙間時間に連絡できないのはおかしい!」……なんて言う女性、本当にいます。

恋愛にひたむきなのはわかりますが、相手の立場や自分がされたらどう思うか、という考えがスッポリ抜けてしまっています。もしくは、彼があなたにとっての承認欲求を満た

す〝ツール〟になっているのかもしれません。

〝追われる女〟とは、彼のことも大好きだけど、決して恋愛で自己満足するのではなく、あくまでも相手と対等な関係を築ける女性なのです。

条件2 経済的、精神的に自立している

恋愛に依存や執着をしない女性というのは、自分で稼げるし、自分の喜怒哀楽をコントロールできるということ。仕事や人間関係でつまずいても、自分を奮い立たせることができる女性はやっぱり魅力的です。

考えてもみてください。仕事や人間関係で失敗して、ウジウジしていることを彼氏になぐさめてもらわないと気持ちが切り替わらないって、彼氏の責任、相当重過ぎませんか？それが続けば「俺は君のお守り役じゃないよ」と、ほかの女性に目移りするのは当然。ときどき見せる弱さに男は確かに弱いけれど、甘えるだけの関係は最初こそ〝かわいい女〟になれるも、そのうち〝重たい女〟に変わってしまいます。

条件3 恋愛以外に楽しめるものを持っている

男性から〝追われる女〟とは、恋愛以外に楽しみや目的を見出しているもの。

でも、こういう話をすると決まって、「恋愛以外に打ち込めるものって、何したらいいの？」と悩む人もいるかと思います。

それは、何でもいいのですが、何でもいいからこそ、何から始めたらいいのかわからないのも理解できます。オススメしたいのは、自分磨きです。例えば、

○オンライン講座を受ける（ヨガ、お菓子作り、書道、フラワーアレンジメントでも何でもＯＫ）

○人生で読んでおきたい１００冊を読破する

○資格取得

○副業を始める

軽いノリで始めるのがコツです。面白くなってきてＬＩＮＥを立ち上げる数が減ったらしめたもの。

それでもメッセージが気になる場合は、既読通知をオフにするなどして、半ば強制的に見ない状況を作ってください。

恋愛も含めて、あなたの人生はあなたが舵を切るもの。意中の男性とこの先も関係を続けていきたかったら、芯のある女性を目指すことが一番なのです。

〝追われる女〟は自分の軸があり、ゴーイングマイウェイ

では、本章の最後に、「男に追わせて本命に勝ち上がる方法」の総まとめをします。僕がたくさんの男女を成婚に結びつけてきて思うのは、軸足を少しずつ移動していく方法が最も有効だということです。

前の項と多少重複しますが、「自分がこの人とこの先もずっと付き合っていきたい」と思ったら、マッチングして2回目のデートまでは相手の男性にとことん寄り添って、「素敵」「また会いたいです」と好意を伝えて相手を惹き付けまくり、正式にお付き合いがスタートしたら、少しずつ元の自分のペースに戻していくやり方です。

ここでおさらいとして第1章で紹介した「恋愛曲線」（P47の図2）を思い出してください。男性は交際当初に恋愛感情がＭＡＸになり、そのあと少しずつ下がっていきます。女性は徐々に上がっていき、男性と恋愛の熱量が逆転していくとお話ししたと思います。

この本来は逆転現象を起こす交差点で、「女性側も熱量を上げ過ぎない＝彼のことは大好きだけど、自分の時間も大切というポジション」がとれれば、男性はいつまでもあなたのことを、「どこかミステリアスで、ほっとけない女性」「しっかり彼女を捕まえておかないと、ほかの男に取られてしまうかも」と感じます。いい意味で少しの緊張と不安を抱かせるのがポイントです。

「釣った魚に餌《えさ》をやらない」というのは、本当の話。勝手ですが、どっぷり安心感を与えてしまうと、やはり男は手を抜きます。あなたをキープしつつ浮気に走ったりもします。

では具体的にどうすればいいのでしょうか。

❶ミステリアスな部分がある

ミステリアスと聞いて、「よし、秘密主義になろう」と安易に考えていたら、それは残念ながらダメ女確定。そうではなく「ミステリアス＝意外性のある女」。例えば、

○普段は男前な雰囲気の女性が、実は家庭料理が得意。いつも会社に手作り弁当を持参
○会社ではパンツスーツの女性が、休日は着物を自分で着付けて銀座を闊歩《かっぽ》している
○普段はゆるふわ女子なのに、キックボクシングのセミプロ大会で優勝
○営業でトップの成績のバリキャリウーマンが、家ではゆるキャラグッズに囲まれている

つまり、普段の姿とは違う一面をもつ「ギャップ萌え」のポイントがある、ということ。特に男性はギャップに弱い。「俺の前でだけ、意外な一面を見せてくれる」「新たな魅力を、隠しもっている」というのが効果大です。

でも、ミステリアスな女性は一朝一夕で作れるものではありません。ここでも大切なのが、打ち込めるものがあるかどうかということ。誰かに満たしてもらうのではなくて、自分で自分を満たせる人に、男性は惹き込まれてしまうのです。

❷ 忠実な犬より、気まぐれな猫を目指す

ここは少し難しい話になりますが、明らかに駆け引きして焦らすのと、男が放っておけない存在になるのとでは少しニュアンスが違います。

どういうことかというと、「飼い主に全力で尻尾を振る犬タイプ」ではなく「気まぐれに甘えてきたかと思いきや、急に素っ気なかったりする猫タイプ」になりましょうということ。

駆け引きとは、男性からの誘いに簡単には乗らないというように、どちらかというと上手に相手をコントロールするものですが、「自由きままな猫タイプ」は相手をコントロールしません。

甘えたかったら思い切り甘えるし、相手もフォローする。でも、手招きされても気分が乗らなければ応じない、という本能に忠実な女性ということです。

ちなみに僕は、猫が大好きで４匹飼っています。甘えるしぐさも、ときどきプイッとどこかに行ってしまう気まぐれさも、品のあるたたずまいとしなやかさを感じて魅了されてしまいます。

もちろん、これも男性の好みなのですが、付き合いがどんなに長くなろうとも、追われる存在になることを心がけるだけでも、男性との関係性は変わってくるのです。

❸ 媚《こ》び過ぎず、でも適度な隙がある

男性は矛盾した生き物で、あからさまに「あなたは私のすべてです」と全身でぶつかってこられると逃げたくなりますが、たまにヨイショされたり頼られたりすると嬉しいもの。今どきでいうと〝あざとかわいい〟がしっくりきます。要は、男性の守りたい願望や承認欲求を満たすような言動をして、男性を上手に手のひらで転がしてほしいのです。

例えば、女性が重たいものを必死で運ぼうとしているとき、いつもはしっかり者の女性が階段でこけたとき、男性の得意分野で「わからないから、教えて」と頼られたとき、面

白いくらいベタなのですが、ほとんどの男性が心の中で「助けてあげたい」と思うのです。

❹ いつも機嫌がいい女

男女問わずですが、いつもジメジメとグチばかり言っている人が側にいたらどう思いますか？　何だかこっちまで暗いオーラが乗り移ってきそうで、すぐにでも離れたくなりますよね。特に仕事がデキる男性は、そういう負のオーラをまとった人が苦手です。

また、何だかいつもイライラして機嫌が悪い女性も、一緒にいたくないランキング1位になるくらい敬遠されます。

その点、いつも機嫌がよくて明るい女性は、男性にとっては福を呼ぶ存在。たとえネガティブなことがあっても、そういう女性は失敗談を笑い話に転換して話します。

要するに自分の機嫌は自分でとる、頭のよい女性ということです。メンタルが安定していることも、結局は男性が最終的に女性を選ぶ大きなポイントだったりします。

特別付録

あなたの〝追われる女度〟診断

では最後に、あなたの〝追われる女度〟をチェックしてみましょう。

□一人の時間が苦痛でない、もしくは一人の時間を大切にしている
□飽きっぽい、もしくはいろいろなことに興味がある
□人に頼られるほうだ
□愛情表現のパターンが豊富
□一方的に尽くすだけの恋愛は苦手
□恋愛と同じくらい打ち込める仕事や趣味、スポーツ、生きがいがある
□感情の起伏はどちらかというと穏やかなほう
□変わっているね、とよく言われる
□恋愛において駆け引きは使わない

□嫌なことは嫌と言える
□自分からＬＩＮＥや電話はあまりしない。もしくは自分が既読無視することが多い
□自己解決しがち
□考え方はブレないほう
□過去の恋愛はすぐに上書きできるタイプ
□嫌な感情は引きずらず、翌日はケロッとしている

さて、当てはまる数はいくつでしたか?

●13個以上 「追われ度ウルトラ級 最強モテ女」

自分の自由も確保しながら、男性に甘えたり頼ったりできる恋愛スキルが高い最強モテ女。男性は「ほっとけない、追わずにいられない」状況になります。自分にも自信があるので男性に依存せず、上手に恋愛から結婚にもっていけるでしょう。

●9個～12個 「追われ度メジャー級 プロ彼女」

どうすれば〝追われる女〟になるのかわかっている、ある意味プロ彼女といえます。

ターゲットの男性の好みに合う行動パターンがとれて、自分を演出する術も知っているので、微妙な距離感を保ちながら男性を翻弄《ほんろう》できます。狙った獲物は逃さないタイプです。

●5個～8個　「追われ度レギュラー級　平凡女」

よくも悪くも平凡タイプ。常識人なので相手を振り回すことはできず、主に相手の男性の都合に合わせて交際を進めます。でも男性のタイプによっては、追うより追われたいという人もいるので、相性がよければトントン拍子に結婚まで決まる可能性もあります。

●4個以下　「追われ度マイナー級　逆に追っちゃう女」

追われるという概念がそもそもありません。自分から追いたいタイプか、心配や不安から相手の男性をストーキングしてしまうタイプまでさまざま。どちらにしても、恋愛がうまくいかないことが多く、それがトラウマになってますます追ってしまうことに。意識の改善が必要かも。

第7章

セックスを武器に、狙った男を本気にさせる禁断の技

セックスにまつわるよくある悩みに、ズバッとお答えします

出会いの場がマッチングアプリでも合コンでも、カラダの関係になったとたん、二人の関係性が変わってきたりします。

ある女性は「エッチしたら、彼が冷たくなった」と言い、ある女性は「エッチしたら、より一層、彼が大切にしてくれるようになった」と言います。この違いは一体何なのでしょうか。

特にマッチングアプリで出会った場合、相手のことをよく知らないうちに勢いでエッチしたら、とたんに翌日から連絡が取れなくなった……なんてことは、残念ながらよくある話。

そこで、ありがちなセックスがらみの悩みについて挙げながら、どのように対応すれば二人の愛がより深まっていくのか、お話ししていきましょう。

ケース1　正式に付き合う前にエッチしたらもう本命になれない？

いえいえ、そんなことはありません。実際に同じパターンで本命の彼女になった実例を、このあとしっかり紹介します（P203参照）。

よく恋愛本には、**「3回目のデートまでエッチしちゃダメ」と書いてあったりしますが、僕はこのルールはナンセンスだと思っています。**もちろん、最初からヤリモク男だとわかっていながらホテル直行はオススメしませんが、デートが何回目だからエッチしても大丈夫など、何も根拠はありません。初めて会ったその日にお互いパッションを感じたのであれば、初回はエッチしちゃダメだとか、2回目ならOKだとかにこだわらなくていい。

それでも‼　自分が下した決断だから、そのあとうまくいかなくても一方的に「騙された」と泣くのは大人として違うと思います。そのために僕は、本書で「ヤリモク男の見極め方」を繰り返しお伝えしているのですから！

ケース2　カラダの相性は大事ってよくいうけれど……

はい、大事だと思います。でも、**相手の男性がそうとう経験豊富じゃないと、初めてのエッチで「カラダの相性、最高！」とはならないパターンが多いのでは？　カラダの相性もお互いが歩み寄って合わせていくものだから**です。

ただ、これは僕の持論ですが、**相手と手を恋人つなぎしたときに、しっくりくるか・こないかって、けっこうカラダの相性に直結している気がします。**

また、あるデータでは女性のほうが自分と相性のよい男性のフェロモンを嗅ぎ取ることができるといいます。「相手の体臭が気にならない」または「いい匂い」だと感じたら、相性がよいそうです。

初めて会ったときに「ビビッとくる」という感覚こそ、女性ならではのセンサーが働いている証拠。その**直感に従ってみるのもいい**かもしれません。

ケース3 「俺、ヤリモクじゃないから安心して」って言われたけれど……

これは**賛同しかねます。**「何もしないからホテル行こう!」と誘われて、何もしなかった例はほとんどないんじゃないでしょうか。特に、あなたが聞きもしないのに「ヤリモクじゃない!」と主張してきたら、同じことを何回もしてきたからこそ、先に言い訳をしていると思ったほうがいいですね。

エッチで本気にさせる5か条

よくあるお悩みケースについてお答えしたところで、どのように立ち居振る舞えば、エッチをきっかけに男性を本気モードにできるのかお伝えしていきましょう。

コツさえつかめば、男心をガシッとわしづかみにして離さないなんて案外簡単！　男の僕が自分で言って情けない話なんですが、男って単純な生き物。あなたがずっと劣勢だったとしても、形勢逆転はいくらでもあります。

どんなパターンが男にとって「離したくない女」になるのか、具体的にお伝えしていきます。

其の壱　その気がない男には、暗闇でチュー作戦

初デートでイマイチ盛り上がらない。2回目のデートはなさそう……。でもまた会いたい！と思ったときにオススメなのが「暗闇でチュー作戦」です。

映画館でもプラネタリウムでも、店を出てからの帰り道でもいいので、あなたから相手の男性の手に触れるか触れないかの感じで接近しましょう。相手の男性も気づくので、あなたからそっと手をつないじゃってください。

男性は「女性と手をつなぐ⇒辺りが暗い⇒キスがしたくなる」という図式が瞬時に成立して、必ずアクションを起こしてきます。キスしたら、そりゃホテルに行きたくなります。

男性をその気にするのって、本当に簡単。でもその分、相手の見極めは慎重に！

其の弐　やせ過ぎず太り過ぎない、マシュマロボディを目指して

好きな男性ができると、ほとんどの女性はダイエットを始めます。ベッドをともにする日のために、少しでもやせようとするその気持ちはわかります。でも、男の本音を言えば、やせ過ぎているより、肌がスベスベしていて触り心地のよいマシュマロボディのほうが好き、という意見のほうが圧倒的に多いと思います。

よく女性は「ぽっこりしたお腹が嫌」「二の腕がぽちゃぽちゃしているのが悩み」と言うけれど、そういう女性特有の柔らかさに男性はエロスを感じるのです。ウエストのくびれはほしいけれど、それ以外はやせるよりも思わず抱きしめたくなるような柔らかさと、スベスベでいい匂いのする肌を目指してください。

其の参　下着にも気を使うべし

「男性は女性の下着にはあまり興味ないですよね」と、僕の婚活サロンの会員女性がちょっと半ギレで言っていたことがありました。付き合い始めた彼と初めて一夜をともにした日、彼女は奮発して高級下着を身に着けていったものの、下着姿を愛《め》でる間もなく行為が始まってしまい、何だかがっかりしたそうです。

男性の気持ちを代弁するなら、初回はお互い緊張しているので、女性の下着にまで気が回らなかったのかも。でも男性には、セクシーな下着を身に着けた魅力的なあなたのイメージが残っているのです。「離したくない」と思わせる、大切なポイントであることは忘れないでください。

其の肆　エロいギャップがある

「うわ、ベタなやつ出た！」と思わないでくださいね（笑）。昔からいわれているこの「昼は淑女《しゅくじょ》、夜は娼婦《しょうふ》が男の理想」というのは今でも続く定番なのです。

いくら男がスケベだったとしても、昼間からエロエロビーム全開の女性には、たいがい尻込みしてしまいます。誘われたら乗ってしまうかもしれませんが、本命の彼女にはしません。

それよりも、昼間はちょっとお堅いイメージの女性が、ベッドでは乱れまくるというシチュエーションのほうが男は好きなのです。

さらに言うと、マッチングアプリで知り合った相手なら、そういう演出は実行しやすいのです。同じ会社の同僚だったら、普段の自分を見られている分、ちょっと真面目な女性を演じるなど今からキャラを作るのは無理。でもアプリで知り合った相手なら、初回のデートは初めて会う場ですから、そういう女性の雰囲気を身にまとうくらいはできるはず。「私は女優よ！」くらいの気概で、楽しむくらいでトライしてみましょう。

そこで、いざそういう関係になったときに、いい意味で昼間の顔と夜の顔のギャップを見せられれば男は勝手にこう思います。「俺が、乱れさせてやった」と（笑）。

そんな男を前にして、あなたは恥じらいながらも「こんな姿、見られて恥ずかしい」とリアクションすれば、さらに男性のテンションは上がるはずです。

其の伍　マグロはダメ！　お互いに奉仕し合うこと

初回のエッチでマグロ女だと、男性がよっぽどあなたにほれ込んでいない限り、ボルテージは下がってしまいます。

恥じらってはほしいけれど、奉仕もしてほしい。そんな勝手な男性の心理をくみ取って、ベッドではあなたなりの奉仕精神を発揮しましょう。

プロ級のテクニックは求めていません。お互いに気持ちよくなるポイントは、質問し合えばいいだけです。こういうやり取りが本音でできる女性に、男性は感激。「俺だけのものにしたい」と独占したくなるのです。

ワンナイトで終わらせない女は、セックスをも味方につける！

さあ、ここではカラダの関係から相手をぞっこんにさせて、見事、正式な彼女になった実例をお話しします。女性がセックスというか性を武器に世の中を渡っていくと聞くと、小悪魔とか〝あざとい〟などと言われたりしますが、裏を返せば自分の欲求に忠実で〝正直な女〟ということ。

とかく同性からはマイナスなイメージをもたれやすいけれど、デートは二人っきりなので、誰かに見られはしません。自分のほしいものがわかっていて、それを手に入れるために女性を象徴するものすべてを駆使《くし》するというスタンスは、戦略としてアリだと思います。

ここから本題！　本気で落としたい、結婚したい男性と出会えたとき、どうやってセックスを戦略として、武器として活用すればいいのか……。

僕の知り合いの女性で、上手に〝女〟を武器にして、狙った男性の本命になれたという人がいるので、ポイントごとにお伝えします。

まずは彼女のことをちょっと紹介すると、とてもチャーミングで好奇心旺盛。コミュニケーション能力が高い人なので、組織の中には必ずいるムードメーカー的な人といっていいかもしれません。

そんな彼女がマッチングアプリを始めたのが、今から半年前。彼女は初めてマッチングアプリで会う男性と、駅で待ち合わせてからカフェで1時間くらいお茶をし、そのままホテルへ直行……だったそうです。

彼女はとてもあっけらかんと、初回のデートでエッチしたことを話してくれました。しかし、やり取りを始めてから3か月後には、彼の〝本命〟の座に納まっていました。彼女はどうやって本命の座を勝ち取ったのでしょうか?

デート前

LINEでのやり取りをしてから、お互いの写真を交換。顔半分を隠した写真を送ったら相手の男性から「こんなに美人なのに俺でいいの?」と、半ばお世辞のような返事が来たそうです。顔をすべてさらさないことで、男の期待感をアップさせたのです。

さらに、「会うのが待ち遠しくてたまらない」という趣旨のメッセージを送りながらも、基本的には〝彼からLINEが来たら返す〟というスタンスを崩さず、彼が既読でも追いLINEはせずに放置。ここで焦らないのも、大事なポイントです。

また会う前に一度、LINE電話をして相手のボルテージを上げたことも、彼の期待感や好奇心を大いに上げたポイント。彼女曰く「LINEのトップ画面を不鮮明だけどいい感じに見える顔写真にして、男性ウケのいい明るい声で話したのも作戦です。相手をその気にさせながらも、ヤリモク男じゃないこともしっかりチェックしました」。

デート当日:待ち合わせ

初デートは洋服選びも大事。彼女はオフホワイトの清楚な服をチョイスし、フローラル系の香水を軽くつけていざ出陣！　マッチングアプリの写真より、実物のほうがいいと思わせる作戦です。

待ち合わせ時間ギリギリになっても彼にＬＩＮＥはせず、彼からの「俺は着いたよ、今どの辺?」というメッセージが来て初めて返信。前日も自分からは連絡はなし。男の不安を上手に煽ったのです。

待ち合わせ場所に迷った彼女は、５分ほど遅刻。「遅れてごめんなさい、Ａさんですか?」と、はにかみながら声をかけました。彼女はこのときの彼のリアクションが「想像以上！　あたりじゃん」と一瞬ゲスい表情をしたので、ヤリモク男かもしれないと警戒もしたそう。

●カフェタイム

カフェではお互いの仕事内容を一部開示し、笑えるエピソードだけを彼に話して盛り上げました。ネガティブな要素は入れず、楽しそうに会話をするのはポイントが高いですね。

会計では、お財布はしっかり出しましたが相手が払ってくれたので、笑顔で「ごちそうさまです」とお礼を。感謝の気持ちを伝えて好感度をアップさせました！

●ホテル

ホテルの部屋に入ってからも彼とは適度な距離感を保ち、映画を1本鑑賞。映画を観ながらお喋りをする際も、彼女はあえて映画のシーンごとに喜怒哀楽の表情をはっきりと見せるようにしました。表情がクルクル変わるから、彼は映画どころか彼女に気持ちがロックオン。

実際にベッドインするまでは、のらりくらりとかわして焦らし作戦。男に狩猟本能を起こさせます。

エッチのあとのピロートークでは、彼女はシャワーを浴びたい衝動をグッと抑えて、彼を人肌の温もりで満たしてあげながら、彼の話をじっくりと聞いてあげたそうです。男って甘えん坊だから、ここでは母性を発揮して、手放したくない存在だと思わせるのがミソ。

●帰り道

私のほうから彼の手に軽く触れて手を握り返させたら、彼はすごくいい笑顔を見せてくれたそう。「今日は、たくさんありがとう」と改めてお礼を言った彼女に「次も会いたい、会ってくれる?」と彼。

以上のプロセスで、「今日ヤレたらラッキーかもの女」から、「次も会いたい女」に確定させたのです。

家に帰ると彼から「今日は楽しかった、早くまた会いたい」とLINEが。ここで、彼女は彼を本気モードにさせたと確信しました！

●正式に付き合うまで

その後も、グチLINE、追いLINEなどせずに、彼からメッセージが来たら余裕があるときに返すスタンスを崩しませんでした。でも体調不良や弱っているというメッセージに関しては、気遣うメッセージは送りつつも連投は避けたそうです。

デートの日程がなかなか決まらないときは、「もう仕事とプライベートでスケジュール埋まりそう」と伝えることで、彼の追いたい願望を刺激。彼が仕事の都合で会えないことがあっても、責めない大人の余裕を見せたのも大事です。

会えない時間も、自分の毎日は充実していることははっきりアピール。「依存しない＋簡単に手に入ると思うなよ」という姿勢を貫きました。

その結果、ついに「ちゃんと付き合わない？」と正式に言われ、めでたくカップルに♪

以上のような流れだったそうです。**一貫しているのは、彼女は、彼とあくまでも対等か、**

もしくは少し上に立てるようにポジショニングをしていたということ。これって、〝追われる女〟の特徴そのもの。

自分というものがあって、ブレない、簡単になびかない。でも、男を立てるときはちゃんと立てるし、感謝の言葉も素直に言えています。焦らしはするのに、セックスは一緒に楽しめる。そうかと思えば、優しく包み込んで癒してもくれる。そんな女性を「彼女にしたくない」って言う男、いませんよね？

男は多くの女性と関係を持ちたい生き物なので「新たなターゲット」に目が向きつつも、**「絶対に離したくない、逃したくない女性」が現れれば、そこで恋人探しは終了させます。**

そのゴールにもっていくには、女性側の手腕とコントロールにかかっていると言っても過言ではないのです。

もちろん、初デートでエッチして失敗する場合もあります。**「相手はヤリモクの可能性がある」「簡単に惚れないい」と冷静でいられるようにすることで、失敗は大幅に減らせる**はず。

ただし、あまり疑い過ぎるのも相手の男性がそれに気づいたら嫌がるでしょうから、**〝信じ過ぎない〟ようにするくらいがベストです。**

本命をモノにする女は、セックス後のチェックに余念がない

ではここでセックスをしてからできる、相手の男性を本命にしていいかの見極めポイントをお伝えします。

●こちらを気遣ってくれるかどうか？

例えば、事後に布団やガウンをかけてくれるか、事前・事後で対応が雑になっていないか、事後の余韻《よいん》や会話を楽しんでいるかをチェック。

正直、男はエッチしたあとに、相手の女性への本心が〝ただ漏れ〟になります。遊びだったら素っ気なくなり、早くシャワーを浴びて帰りたいと思っています。

事後の腕枕は、遊び目的でない男性でも正直かったるい。それでもやさしい気遣いがあるということは、相手の女性を大切に想っている証拠です。

●肌が触れているのがお互いに心地よいか？

カラダのフィット感は大事。何もしなくて抱き合っていても安心する心地よさがあれば、次も会うのに値します。

●帰ったあとにフォローの連絡が来るか？

ここで最終的にしっかり見極めましょう。遊び人は別れる直前まで紳士的に振る舞います。

でも、「次に会う女はたくさんいる！」という状態なら、わざわざあなたをキープしようとは思わないはず。帰ったあとも丁寧で気遣うようなメッセージが届かなければ、あなたを大事にしていない証拠です。

雑に扱う男と1秒でも長くいるなんて時間の無駄。貴重な時間をすり減らす前に、こっちから手を切っちゃいましょう！

番外編

明らかにヤリモクな男を落とす方法

これはあくまで番外編です。僕としては基本、ヤリモク男との関係はオススメしません。特にヤリモク歴が長い男は、一時的におとなしくなっても本命との関係に飽きてきたら、かなり高い確率でヤリモク男に復活します。

でも、それでも！　彼を好きになってしまったのなら、振り向かせようとするのもアリかもしれません。

はっきりと「セックスするのが目的」と言っているようなヤリモク男を好きになるあなたはドMだと思いますが、**まずは「簡単に会えない女・忘れられない女・男に癒しと自信を与えられる女」を目指してください。**

やはり、会っている時間のすべてがセックスしかなかったら、セフレ状態から抜け出すことはできません。それ以上の関係に発展するには、仕事の話でも社会情勢の話でも何でもいいけれど、**セクシャルな話題以外で会話が弾む、もっと言えばセックスをしなくても楽しく過ごせるよう人間性や感性を磨くことが大事です。**

僕の知り合いの女性に、あからさまなヤリモク男と出会ったものの、株や経営、処世術についての話で意気投合して、ただの「都合のいい女」から「本命の彼女」になれたケースもあります。だからあきらめる必要はありません。ただし、それなりの努力と覚悟が必要なのは肝に銘じてくださいね。

おわりに

先日、僕にとって401組目のカップルの結婚が無事に決まりました。ハッピーオーラに包まれた二人から揃って、「わたしたちの縁を結んでくださって、ありがとうございました！」と笑顔で報告をいただいたとき、改めて婚活アドバイザーの仕事をして本当によかった、と心から幸せを感じました。

あなたにつながっているご縁の赤い糸は、本来は1本だけです。でも、なまじっかたくさんの人と出会うことができる「マッチングアプリ」を使うことによって、目の前に100本の赤い糸が突然現れたら……？

どれが自分にとっての「運命の赤い糸」なのか、わからなくなりますよね。探しているうちに、糸がこんがらがってしまい、身動きがとれなくなった女性たちを何とか救い、「恋活を卒業してもらいたい！」という思いから本書を書く決心をしたのです。

書きながらも「ちょっとこれは男の本音を言い過ぎかな？」「厳しく書き過ぎたかな？」と、迷うことが何度かありました。

でも、甘い言葉は誰だって言えます。心から幸せになってほしいと思えば、ときには

「チクッ」と心にささる言葉があるということを、くみ取っていただけたら嬉しいです。
これはこれで、僕なりの読者の皆さんへの愛情表現なのです。

恋活のノウハウはすべて本書につまっていますが、それでもつらいとき、うまくいかないときは、いつでも僕に助けを求めてください。

全国どこでもOKですよ！　何なら海外でも（笑）。

これからも素敵なご縁を結び「日本初の縁結び士」として、全国の皆さんに会いに行けたらと思っています。

令和３年10月吉日

お結び！　むすび！　縁結び！　結太朗

こちらもぜひ、ご活用ください。

☆婚活支援サイト【ＯＨＡＮＡ】お見合い　結太朗

☆結太朗 婚活ＹｏｕＴｕｂｅチャンネル　公式ＬＩＮＥ

☆結太朗　アメーバブログ

【著者紹介】

結　太朗（むすび・たろう）

◉――LINE LIVEやPocochaで総合１位を獲得した恋愛アドバイザー。しかも、１か月単位のイベントではずっと閲覧数トップだったので、総合１位を何度も獲ったことになる。著者がライブを開催すると5000人以上集まることも。Pocochaライバーの中でランクが最上位のＳ＋。

◉――15歳でアメリカに単身留学 。常にひとりぼっちだったが、ちょっとしたきっかけから友人の恋愛キューピッドとなり学校のヒーローに。ご縁を結ぶ喜びや幸せを知る。

◉――大学卒業後は大手企業に勤務する傍ら、2010年から結婚を仲介するようになり、いつしか周りから「カリスマ仲人」といわれるように。

◉――現在は地域活性化や少子化対策として人のご縁を結ぶ“縁活”を広めるため、全国で縁結びの重要性や人のつながりを広めるべく、講演活動やイベントを精力的に行う。これまでに人の縁を結んだのは1000組以上にも及ぶ。

◉――日本テレビ『月曜から夜ふかし』、TBS『Nスタ』、フジテレビ『ノンストップ！NONSTOP！』、扶桑社『週刊SPA！』などメディア出演は多数。

「結 太朗－婚活活性化－松田輝雄事務所」
https://www.teruomatsuda.co.jp/management/talents/musubitaro/

恋活卒業《こいかつそつぎょう》！
マトモな男《おとこ》とだけすぐに付《つ》き合《あ》える方法《ほうほう》

2021年10月４日　　第１刷発行

著　者――結　太朗
発行者――齊藤　龍男
発行所――株式会社かんき出版
東京都千代田区麴町4-1-4 西脇ビル　〒102-0083
電話　営業部：03(3262)8011㈹　編集部：03(3262)8012㈹
FAX　03(3262)4421　振替　00100-2-62304
https://kanki-pub.co.jp/

印刷所――シナノ書籍印刷株式会社